현상학 입문

Phenomenology: The Basics by Dan Zahavi
(Original Edition: Fœnomenologi)
Publishing in Danish by Samfundslitteratur / Roskilde Universitetsforlag, 2003
All rights reserved

Korean translation edition © 2022 by Sanchurum
Published by arrangement with the author in Denmark
Through Bestun Korea Agency, Seoul Korea
All rights reserved

현상학 입문

단 자하비 지음 | 김동규 옮김

도서출판 길

현상학 입문

2022년 3월 20일 제1판 제1쇄 발행

2023년 2월 20일 제1판 제2쇄 인쇄
2023년 2월 25일 제1판 제2쇄 발행

지은이 | 단 자하비
옮긴이 | 김동규
펴낸이 | 박우정

펴낸곳 | 도서출판 길
주소 | 06032 서울 강남구 도산대로 25길 16 우리빌딩 201호
전화 | 02) 595-3153   팩스 | 02) 595-3165
등록 | 1997년 6월 17일 제113호

ISBN: 978-89-6445-254-7 03100

아담, 에밀, 그리고 줄리에게

작금의 많은 고전적인 현상학 저작들이 20세기 전반에 저술되기는 했습니다만, 현상학은 계속해서 영감의 원천이 되고 있고 최근 몇 년 동안 새로운 관심을 끄는 주제가 되었습니다. 실제로 지금 현상학은 일종의 르네상스를 건너고 있다고 해도 과언은 아닐 것 같습니다. 그런데 이는 비단 철학의 경우에만 일어나는 일이 아닙니다. 심리학, 조직학, 건축학, 간호학, 인류학, 스포츠 과학, 교육학 등 철학 이외의 분야에서도 현상학으로부터 아이디어를 끌어오는 사람들을 보는 게 점차 보편화되고 있습니다.

그런데 현상학은 학술적 철학을 뛰어넘어 경험 학문과 세계에 영감의 원천이 되어왔습니다. 제1차 세계대전 이전에 이미 정신의학 및 실험심리학 같은 분야는 후설의 아이디어에서 영감을 얻었으며, 얼마 지나지 않아 사회학과 인류학 또한 현상학적 철학자들의 작업에 참여하기 시작했습니다. 실제로 많은 이들에게 현상학은 기존 철학에서는 일반적으로 찾아볼 수 없는 방식으로 일상적 경험과 연결되는 신선하고 새로운 방법을 제공하는 학문으로 보였습니다. 그 이후로 현상학의 비철학적 적용 가능성은 현상학이 끊임없이 발산하는 매력의 일부가 되었습니다.

더욱더 많은 이들이 현상학의 아이디어를 흥미롭게 여긴다는 사실은 현상학에 쉽게 접근할 수 있게 해주는 짤막한 입문서를 더욱 절실하게 요구했습니다. 저의 이 작은 책이 독자들에게 현상학을 처음으로 개괄해주는 책으로 건네질 수 있기를 바라며, 또한 일차 자료를 읽고자 하는 영감을 불어넣을 수 있게 되기를 소망합니다. 이 책이 한국어로 번역된 것은 저에게 정말로 기쁜 일이라는 말씀을 드리며, 이 책의 번역을 위해 애써주신 김동규 선생에게 감사의 뜻을 표합니다.

2021년 12월

단 자하비

2003년, 나는 덴마크어로 현상학에 대한 짤막한 입문서를 출판했다. 이후 몇 년 동안 이 책은 독일어(2007), 아이슬란드어(2008), 일본어(2015)로 번역되었다. 2016년에 나는 루틀리지(Routledge) 출판사에 연락해 해당 작품의 영어 번역본 출판에 관심이 있는지 문의했다. 우리는 빠르게 합의에 도달했지만 덴마크어 원문을 번역하기 시작했을 때, 2003년의 원문을 개선할 수 있는 다른 많은 길이 있다는 것을 깨닫게 되었다. 결국 나는 전체 텍스트를 완전히 수정하고 다시 쓰기로 결심했다. 그 결과 훨씬 더 길어졌지만 더 나은 책으로 펴냈다고 생각한다.

그 과정에서 나는 입문 성격의 논문들과 여러 책에 수록된 나의 글에서 이미 이전에 번역된 내용을 부분적으로 가져왔다. 그 자료들의 출처는 다음과 같다. "Phenomenology", in D. Moran (ed.), *Routledge Companion to Twentieth-Century Philosophy*, London: Routledge, 2008; "Phenomenological Sociology: The Subjectivity of Everyday Life" (with S. Overgaard), in M. Hviid Jacobsen (ed.), *Encountering the Everyday: An Introduction to the Sociologies of the Unnoticed*,

Basingstoke: Palgrave Macmillan, 2009; "Intersubjectivity",
in S. Luft & S. Overgaard (eds.), *The Routledge Companion to
Phenomenology*, Routledge: London, 2011; "Time, Space and Body
in Bergson, Heidegger and Husserl" (with S. Overgaard), in R. Baiasu,
G. Bird & A. W. Moore (eds.), *Contemporary Kantian Metaphysics:
New Essays on Space and Time*, Basingstoke: Palgrave Macmillan,
2012; "Naturalized Phenomenology: A Desideratum or a Category
Mistake?", *Royal Institute of Philosophy Supplement* 72, 2013, pp.
23~42; "Varieties of Phenomenology", in W. Breckman & P. E.
Gordon (eds.), *The Cambridge History of Modern European Thought*,
Cambridge: Cambridge University Press, 2019.

토마스 베스틀레, 알레산드로 두란티, 망누스 엥글란데르, 시몬 회프
딩, 피에트 후트, 벤테 마르틴센, 크리스티안 몰트케 마르티니, 제임스 몰
리, 쇠렌 오우에르고어, 수산네 라운, 그리고 코펜하겐의 나의 학생들이
이 책의 여러 부분과 관련해 다양한 제안을 해준 것이 큰 도움이 되었다.
이에 감사를 표한다. 특히 전체 원고를 읽고 통찰력 가득한 논평을 해준
사라 하이네모에게 진심으로 감사의 말을 전한다.

차례

들어가는 말

현상학은 20세기 철학에서 주요 전통 가운데 하나로 간주된다. 에드문트 후설[1]이 현상학의 창시자이고, 다른 유력한 지지자로는 마르틴 하이데

---

1 Edmund Husserl, 1859~1938: 후설은 비교적 늦은 나이에 철학에 입문했다. 그는 모라비아(당시 오스트리아 제국의 일부)의 프로스니츠에서 태어나 라이프치히, 베를린, 빈에서 물리학, 수학, 천문학, 철학을 공부했다. 또한 1883년 수학박사학위를 취득했고, 그다음 해에 심리학자이자 철학자인 프란츠 브렌타노의 강의에 부분부분 참석하면서 비로소 철학에 진지하게 관심을 갖게 되었다. 괴팅겐 대학교의 초빙을 받은 게 기초가 되어 저술한 그의 주저 『논리 연구』가 1900~01년에 걸쳐 출판되었으며, 괴팅겐 대학교에서는 1901년부터 1916년까지 가르쳤다. 1913년 그의 다음 주저인 『순수 현상학과 현상학적 철학의 이념들 1』이 출판되었다. 1916년 후설은 프라이부르크 대학교로 옮겨 신칸트주의 철학자 하인리히 리케르트(Heinrich Rickert)의 철학 교수직을 넘겨받았다. 그 이듬해 에디트 슈타인(Edith Stein)과 마르틴 하이데거가 후설의 조교로 일했다. 1928년 그가 은퇴하자 하이데거가 그의 뒤를 이었다. 후설은 은퇴 후 『형식 논리학과 초월 논리학』(1929) 및 『데카르트적 성찰』(1931)을 출간했다. 1930년대에 후설은 나치의 국가사회주의 정권이 강요한 제약으로 인해 고통을 겪게 된다. 유대인의 자손이란 이유로 어떠한 종류의 공식적 학문 활동도 할 수 없게 되었고, 그다음 차례로 교육권과 출판권, 그리고 독일 시민권을 모두 잃었다. 이러한 상황에 영향을 받은 후설은, 그런 가운데서도 비이성주의로 기울고 있던 유럽 사회에 적절한 철학이 필요함을 더욱 열정적으로 주장하면서 자신의 작업을 이어갔다. 1935년 후설은 빈과 프라하의 초청을 받아 강연했는데, 이 강연들이 그의 마지막 저작인 『유럽 학문의 위기와 초월적 현상학: 현상학적 철학 입문』(1936)을 위한

거,[2] 장-폴 사르트르,[3] 모리스 메를로-퐁티,[4] 에마뉘엘 레비나스[5]가 있다.

기초를 이룬다. 1938년 4월 27일 후설이 세상을 떠난 직후 프란치스코 수도회 소속
의 젊은 신부 헤르만 레오 판 브레다(Herman Leo van Breda)는 그의 많은 연구
원고를 독일 밖으로 밀반출해 벨기에의 한 수도원에 안전하게 보관했다. 제2차 세계
대전이 시작되기 전에 루뱅에 후설 문서보관소(Husserl Archive)가 설립되는데, 오
늘날에도 여기에서 그의 원고를 찾아볼 수 있다.

2 Martin Heidegger, 1889~1976: 하이데거는 처음에 프라이부르크 대학교에서
가톨릭 신학과 중세 철학을 공부했으나, 1911년부터 철학에 집중하기 시작했다.
1913년 그는 박사학위 논문을 제출하고 2년 후에는『둔스 스코투스의 범주론과 의
미론』이라는 교수자격 논문을 완성하게 된다. 이 논문은 후설의 전임자인 리케르트
에게 제출되었다. 하이데거는 1918년부터 1923년 마르부르크 대학교의 조교수가 되
기 전까지 후설의 조교로 있었으며, 1927년에 그의 주저『존재와 시간』을 출간한다.
또한 1928년에는 프라이부르크 대학교에서 후설의 직위를 이어받는다. 1929년에는
'형이상학이란 무엇인가'라는 유명한 교수취임 강연을 한다. 아돌프 히틀러가 권력을
장악한 이후에 하이데거는 프라이부르크 대학교의 총장으로 선출되어 나치 당원이
되었다. 그러나 그로부터 1년도 채 지나지 않아 교직에서 물러나 천천히 대학 정치에
서 발을 뺐다. 2014년 출간된 일종의 철학적 일기인『검은 수고』가 보여주듯이, 하이
데거가 나치즘에 추파를 던진 것은 단기간의 일도 피상적인 것도 아니었다. 1944년
까지 하이데거는 정규 강연을 했으나 전쟁이 끝난 후 그의 정치적 성향 때문에 가르
치는 활동을 금지당했고, 1946년에는 교수직을 박탈당하기에 이른다. 1949년에 명
예교수로 복직되었고, 그 이후부터 세상을 떠나기 직전까지 폭넓게 강의하고 핵심
저술을 집필했다.『언어』(1950),『건축함 거주함 사유함』(1951),『기술에 관한 물음』
(1953) 등을 쓴 것도 이 시기의 일이다.

3 Jean-Paul Sartre, 1905~80: 사르트르는 고등사범학교(École Normale Supé-
rieure)에서 철학을 공부했다. 그곳에서 사르트르는 시몬 드 보부아르(Simone de
Beauvoir), 레몽 아롱(Raymond Aron), 모리스 메를로-퐁티, 시몬 베유(Simone
Weil), 에마뉘엘 무니에(Emmanuel Mounier), 장 이폴리트(Jean Hyppolyte), 클
로드 레비-스트로스(Claude Lévi-Strauss) 등 프랑스의 대표적인 지식인 세대를 모
두 만났다. 또한 그의 동료 철학자인 보부아르와의 관계는 전설이 된다. 1931년부터
1945년 사이에 사르트르는 르아브르, 랑, 그리고 파리의 고등학교에서 가르쳤다. 그
는 1930년대 초반에 아롱과 레비나스에 의해 후설과 하이데거의 철학을 접하게 되
었고, 1933년부터 1934년까지 현상학을 공부하기 위해 베를린에 머물기도 했다.
1930년대 후반 사르트르는 의식과 관련된 네 권의 책을 펴냈는데, 자기-의식의 구조
를 다루는『자아의 초월성』(1936),『상상력』(1936),『상상계』(1940),『감정 이론에 대
한 소묘』(1939)가 바로 그것들이다. 네 작품 모두 그가 후설 철학에 친숙해 있었음

현상학이 큰 영향력을 행사하는 한 가지 이유는 독일과 프랑스 철학에서

을 드러낸다. 제2차 세계대전이 발발하자 사르트르는 징집되어 참전했으나 1940년에 독일군 포로가 되었다. 포로로 잡혀 있는 동안 그는 하이데거의 『존재와 시간』을 연구했다. 1941년 석방된 이후에는 레지스탕스에 적극 가담하기도 했다. 1943년에 그의 철학적 걸작인 『존재와 무』를 발표했는데, 이 책은 그가 하이데거의 영향을 받았음을 분명하게 보여준다. 1945년에 사르트르는 문학적·정치적 잡지인 『현대』를 창간해 (여러 해 동안 메를로-퐁티와 공동으로) 편집했다. 전쟁이 끝난 이후에 그는 자신의 문학 작업 및 편집 작업에 전념하기 위해 가르치는 일을 그만두기로 결정했다. 그 결과 그는 대학에 취업하지 않은 20세기 초유의 몇 안 되는 영향력 있는 철학자가 되었다. 전후 시기에는, 비록 공산당 당원이 된 적은 없지만, 마르크스주의에 대한 공감과 소련에 대한 찬사에서 보듯이, 그의 정치적 참여는 늘어만 갔다. 그의 소련 지지는 1956년 소련이 헝가리를 침공할 때까지 변함이 없었다. 1960년에 그는 그의 두 번째 주저인 『변증법적 이성 비판』을 출간했는데, 이것은 그의 정치적·사회적 앙가주망을 입증해준다. 1964년 그는 노벨 문학상 수상자로 결정되었지만 원칙적인 이유로 수상을 거절했다. 그는 말년까지 정치적 활동을 이어갔다. 프랑스의 알제리전쟁에 반대했고 버트런드 러셀(Bertrand Russell)과 함께 베트남전쟁에 반대하는 활동도 했으며, 파리에서 일어난 1968년 5월 시위의 열렬한 지지자이기도 했다. 1980년 4월 사르트르가 세상을 떠났을 때 5만 명의 사람들이 장례식에 참석했다.

4　Maurice Merleau-Ponty, 1908~61: 메를로-퐁티는 파리의 권위 있는 고등사범학교에서 철학을 공부했다. 그는 1939년 4월 루뱅에 새로 설립된 후설 문서보관소를 방문한 최초의 외국인 방문자이기도 했다. 1942년에 그의 첫 번째 책인 『행동의 구조』를 출판했고, 1945년에는 주저인 『지각의 현상학』을 출판했다. 1949년에 소르본 대학교에서 아동심리학 및 교육학 교수가 되었고, 1952년에는 콜레주 드 프랑스(Collège de France) 철학과 학과장에 선출되었다. 그는 이 직책의 최연소 취임자였으며, 1961년 5월 세상을 떠날 때까지 같은 학과 학과장으로 재직했다. 제2차 세계대전 이후에 메를로-퐁티는 점점 더 정치에 관여하게 되었고 일련의 논문들과 더불어 『휴머니즘과 테러』(1947), 『의미와 무의미』(1948), 『변증법의 모험』(1955) 등 많은 책을 출판했다. 그는 정치적 관심사와 함께 가르치는 일을 계속했는데, 소르본 대학교와 콜레주 드 프랑스에서 했던 그의 강의 중 상당수는 아동심리학, 구조주의 언어학, 민속학, 정신분석학 등에 관한 것이었다. 이는 다른 학문에 대한 그의 폭넓은 관심을 증명한다. 1960년에 논문으로 구성된 또 다른 책인 『기호들』이 출판되었고, 그의 사후 1964년에는 많은 사람이 메를로-퐁티의 두 번째 주저로 간주하는 『보이는 것과 보이지 않는 것』이 출간되었다.

5　Emmanuel Lévinas, 1906~95: 레비나스는 리투아니아(당시 러시아 제국의 일부)의 카우나스(Kaunas)에서 태어났다. 고등학교 과정을 마친 이후에 프랑스로 떠나 스트라스부르에서 철학 공부를 시작했다. 1928년 프라이부르크 대학교에서 후설,

현상학 이후에 형성된 거의 모든 이론이 현상학의 확장이나 그것에 대한 응답으로 이해될 수 있다는 데 있다. 현상학을 적절하게 파악하는 것은 결과적으로 현상학 자체만이 아니라 20세기 이론화 작업의 후속 발전을 이해하는 일에서도 필요 불가결한(sine qua non) 것이다.

수십 년 동안 현상학은 철학의 많은 분야에 주요한 공헌을 했고 지향성(intentionality), 지각(perception), 체화(embodiment), 감정(emotion), 자기-의식(self-consciousness), 상호주관성(intersubjectivity), 시간성(temporality), 역사성(historicity), 그리고 진리(truth)라는 주제들에 관한 획기적인 분석을 제공했다. 현상학은 환원주의와 객관주의, 그리고 과학주의를 비판했고, 또한 생활세계(lifeworld)를 상세히 논증했다. 체화되어 있으며 사회적으로나 문화적으로 뿌리를 내린 세계-내-존재로 이해되는 인

하이데거와 함께 공부하며 시간을 보냈다. 마침내 레비나스는 후설의『데카르트적 성찰』을 프랑스어로 (가브리엘 파이퍼와 함께) 번역했고, 1931년[잘못된 출간 연도다. 후술되는 책은 1930년에 출간되었다-옮긴이]에 자신의 박사학위 논문인『후설 현상학에서의 직관 이론』을 출간하면서 프랑스 내 독일 현상학의 최고 전문가 중 한 명으로서의 입지를 공고히 했다. 제2차 세계대전이 발발할 무렵, 그는 프랑스 시민권자로 군대에 징집되었다. 사르트르처럼 곧 붙잡혀 남은 전쟁 시기를 독일군 포로로 지내게 되었는데, 이로 인해 그는 독일군에 의해 살해당한 그의 유대인 가족 대부분이 맞이한 운명에서 벗어날 수 있었다. 전쟁이 끝나고 레비나스는 파리의 동방 이스라엘 사범학교의 교장이 되었고, 그 후 푸아티에 대학교(1961)와 낭테르 대학교(1967), 그리고 1973년부터는 파리의 소르본 대학교에서 교수로 있었다. 전쟁 이후 나온 레비나스의 초기 저작인『존재에서 존재자로』(1947),『시간과 타자』(1948),『후설과 하이데거와 더불어 존재를 발견하며』(1949)는 그가 여전히 후설과 하이데거에게 빚지고 있음을 보여주지만, 그 당시에도 그는 이미 타자의 역할, 윤리학과 존재론의 관계 같은, 자신의 사유를 특징짓는 주제의 글을 발표하고 있었다. 이러한 그의 고유한 주제는 레비나스의 걸작으로 불리는『전체성과 무한』(1961) 및『존재와 다르게 또는 존재사건 저편』(1974)에서 절정에 달했다. 많은 철학적 저술과 더불어 그는 (『어려운 자유』[1963] 및『아홉 편의 탈무드 강해』[1968/1977]를 포함한) 일련의 탈무드 해설과 유대교에 대한 글을 간행하기도 했다.

간 주체의 실존에 관한 세부적 설명을 제시함으로써 현상학은 정신의학, 사회학, 심리학, 문학 연구, 인류학, 건축학을 포함한 모든 경험적 학문에 귀중한 조언을 해주었다.

이미 고전이 된 현상학 저작들 가운데 많은 것이 20세기 전반에 쓰였지만, 현상학은 이후로도 계속 영감의 원천이 되었고 근래 들어 새롭게 관심을 불러일으키고 있다. 실제로 현상학이 현재 일종의 르네상스를 거치고 있다고 주장해도 과언은 아닐 것이다.

비록 현상학이 여러 갈래로 많은 줄기를 내뻗은 이질적 운동으로 발전해오고 있지만, 또한 후설 이후의 모든 현상학자는 후설의 원래 기획이 지닌 다양한 양상과 거리를 두었으며, 그렇기에 현상학이 분명 상세한 일군의 이론적 철학 체계라고 주장하는 것이 과장일 수 있다고 하더라도, 그 지지자들을 하나로 묶고 계속 단결시켜온 가장 중요한 철학적 관심과 공통 주제를 간과해서는 안 된다.

입문서에서 모든 현상학자를 공정하게 다루는 것은 불가능하리라는 점을 고려해 나는 주로 현상학의 발전에 결정적 영향을 끼친 세 사상가, 즉 후설과 (초기) 하이데거, 그리고 메를로-퐁티의 작업에 의지할 것이다. 많은 현상학 입문서가 이 사상가들에 대한 별도의 장을 마련해 다루겠지만 나는 논의를 조금 다르게 전개할 것이다. 내가 보기에 후설의 기초적인 생각들을 근본적으로 잘못 해석한 탓에 일어난 과장되어온 차이들을 뚜렷하게 표현하고 강조하기보다는, 나는 주로 그들의 공통점을 강조할 것이다.

제1부에서는 현상학에서 발견되는 철학 개념 자체에 초점을 맞출 것이다. 또한 방법의 물음에 관한 문제, 1인칭 관점에 대한 강조, 생활세계 분석 등에 대해 논의하면서 이 전통이 어떻게 발전해왔는지도 간략히 설명

할 것이다.

이 책의 제2부에서 나는 방법론적인 고찰은 다소간 제쳐두고 더 상세한 현상학적 분석의 사례와 모형을 제시할 것이다. 나는 먼저 공간성과 체화에 관한 현상학적 탐구를 고찰하고, 그다음으로는 상호주관성 분석과 공동체 분석으로 선회할 것이다.

이 책의 제3부는 현상학이 철학 바깥에서 어떻게 적용됐는지 보여줄 것이다. 나는 특별히 현상학이 어떻게 사회학과 심리학, 인지과학에서의 논의에 영향을 끼쳤는지 기술할 것이다.

이 책을 집필하는 데 있어 나의 주된 야심은 현상학을 옹호하기보다 현상학 자체를 제시하는 것이다. 요컨대, 그 의도는 가능한 한 접근 가능한 방법으로 여러 가지 독특한 현상학적 이념들을 상세히 설명하기 위해 설정된 것이지, 이 이념들이 받아온 다양한 비판으로부터 현상학의 이념을 변호하기 위해 설정된 것이 아니다. 또한 나는 해석상의 불일치와 논쟁에 대한 논의를 최소한으로 줄이고자 노력했다. 현상학에 대한 더 체계적인 옹호에 관심이 있거나 연구 문헌에 대한 더 광범위한 학문적 참여에 관심이 있는 독자들은 다른 책을 보는 편이 나을 것이다.[6]

---

6 이를테면 다음 문헌을 보라. Zahavi 2003, 2005, 2014, 2017, 그리고 Gallagher & Zahavi 2012.

제1부

기본 주제들

현상학이 무엇에 관한 것인지에 대한 기본적인 개요를 제공하기 위해 다음 여섯 장(章)의 목표를 우선 제시한다. 현상학은 어떤 종류의 탐구에 가담하는가? 현상학은 주로 또는 심지어 배타적으로 마음(mind)에 초점을 맞추는가, 아니면 세계에 관해 동등하게 다루는가? 일차적으로 현상은 무엇이며, 우리는 그것을 어떻게 탐구해야 하는가? 우리가 세계와 관계를 맺을 수 있는 다른 방식들은 무엇인가? 나무에 대해 말하는 것과 나무를 인식하는 것의 차이점은 무엇인가? 과학의 세계는 우리가 일상적 경험을 통해 알고 있는 세계와 어떻게 연관되는가? 그리고 현상학이 초월철학의 한 형태라고 말하는 것은 무엇을 의미하는가? 여기 여섯 개의 장은 현상학의 주요 주제와 문제들 중 몇 가지를 제시하고 그 방법(들)을 기술하며, 그 발전을 개괄할 것이다.

제1장 **현상**

엄밀히 말해 현상학은 현상에 대한 학문 또는 현상에 관한 연구를 의미한다. 그러면 현상이란 무엇인가? 또 현상학자들은 어떤 유의 현상들을 탐구할까? 그들은 주로 경이로운 현상, 참으로 경탄할 만한 현상(phenomenal phenomena)에 관심을 두는가? 보부아르는 자서전에서 사르트르가 어떻게 현상학에 처음 입문하게 되었는지 이야기한다. 두 사람은 독일에서 막 돌아온 친구 아롱과 함께 칵테일 바에 있었는데, 그때 아롱은 자신이 주문한 살구 칵테일을 가리키며 사르트르에게 이렇게 말했다. "이보게, 자네도 현상학자라면 이 칵테일에 관해 이야기하면서 이것으로 철학을 만들면 되겠군!"[1] 아롱은 꽤 옳은 말을 했다. 단순한 대상들에 대한 일상적 경험도 현상학적 분석을 위한 출발점으로 작용할 수 있다. 실제로 철학이 케케묵은 추상의 막다른 골목에서 벗어나려면 일상적 삶의 풍요로움과 다시 연결되어야 한다. 다만 현상학이 대상들의 내용보다

---

1 de Beauvoir 1965, p. 135.

는 [나타나는] 방식에 주로 관심을 둔다는 점이 매우 중요한 요점이다. 현상학은 대상의 무게와 희귀성 또는 화학적 구성에 초점을 맞추기보다는 대상이 자신을 보여주거나 내보이는 방식, 즉 그것이 나타나는(appears) 방식과 관련한다. 물리적 대상, 도구, 예술작품, 멜로디, 사태, 숫자 또는 다른 인간이 그 자신을 제시하는 방식에는 중요한 차이가 있다. 더욱이 하나의 동일한 대상이 다양한 방식으로 나타나는 것도 가능하다. 여러 관점에서, 강한 조명이나 희미한 조명에서, 지각되는 것, 상상되는 것, 소망하는 것, 두려워하는 것, 기대되는 것이나 회상되는 것들이 나타난다. 간단히 말해 우리는 현상학을 이러한 다양한 유형의 주어짐(givenness)에 대한 철학적 분석으로 간주할 수 있다.

자명종 시계

이 모든 내용이 매우 추상적으로 들릴 수도 있고 어쩌면 약간 난해하게 들릴 수도 있으니, 구체적인 예를 들어보자. 나는 친구에게 줄 생일 선물을 코펜하겐 중심부에 있는 빈티지 상점에서 찾고 있다. 어느 틈엔가 골동품 알람시계가 눈에 들어온다. 그 자명종 시계는 어떻게 나타나는가? 어떤 현상인가? 우선 우리는 자명종 시계가 수많은 방식으로 나타날 수 있어 이 질문에 간단하게 답할 수 없다는 점을 인식해야 한다. 보고, 만지고, 들을 수 있을 뿐만 아니라 그것의 사진을 볼 수도 있고 단순히 그것을 사용할 수도 있는 것처럼 그렇게 그 시계는 사유에 나타날 수 있다. 일단 문제를 단순하게 만들어야 하니 이 상황에서 자명종 시계가 나타나는 방식, 즉 지각적으로 나타나는 방식에 초점을 맞추도록 하자. 조명(자연 햇빛, 네온 불빛, 스포트라이트 등)에 따라 자명종 시계가 뚜렷이 다르게 나타난다. 하지만 그런 상황에 상관없이, 심지어 최적의 조명 아래에서도 그것은 항상 관점적으로 나타날 것이기 때문에, 나는 결코 자명종 시계 전체를 볼 수 없을 것이다. 가게 탁자 위에 놓여 있는 자명종 시계를 보면 윗부분과 두 옆면은 보이겠지만 뒷면이나 아랫면이나 안쪽은 보이지 않는다. 책상을 이리저리 움직이면 자명종 시계의 뒷모습이 보일지도 모르겠다. 또 책상에서 시계를 들어 올리면 밑바닥을 유의해 볼 수 있겠지만, 내가 무엇을 하든 상관없이 자명종 시계는 계속해서 관점적으로 나타날 것이다. 새로운 면들이 드러나면 이전의 면들은 시야에서 사라질 것이다. 이것은 상당히 사소한 관찰처럼 보일지 모르나 일상생활에서는 너무나 당연하게 여겨져 더 이상의 생각이 필요하지 않은 것인데, 현상학자들의 입장에서는 바로 여기에 풍부한 통찰의 핵심이 들어 있다. 우리가 자명종 시계 전체를 볼 수는 없지만, 자명종 시계에서는 나타나는 것보다 더 많은 면이 있다는 것을 의심하지 않고 또는 어떤 식으로든 의문시하지도 않는다는 사실을 먼저 고려해보자. 그것은 관점적으로 현전하지 않는 부분과 속성을 가진다. 사실상 이러한 부재한 면들은 심지어 부재한 때에도 우리의 지각에서 어떤 역할을 한다. 부재한 면이 없으면 자명종 시계의 앞부분이 앞부분으로 나타나지 않을 것이다. 지각 경험은 결과적으로 현전과 부재의 상호작용을 포함한다. 우리가 한 대상을 지각할 때, 우리는 항상 직관적으로 현전하게 되는 것 그 이상의 것을 경험한다. 우리가 보는 앞면은 자명종 시계의 다른 면을 가리키고 있는데, 그것은 순간적으로 없어졌지만 추가적인 탐색을 통해 드러날 수 있다. 더 일반적으로 말해 우리가 보는 것은 결코 고립된 상태로 주어지지 않고, 보는 것의 의미를 촉발하는 지평(horizon)에 에워싸인 채로 주어진다.

　이 지평은 단순히 문제시되는 대상의 순간적으로 보이지 않는 면 그 이상의 것을 포괄한다. 결국 우리는 고립된 물체와 마주하는 것이 결코 아니며, 더 큰 맥락 안에 끼워 넣어져 있는 대상과만 마주한다. 내가 보고 있는 자명종 시계는 특수한 방에 자리한 책상 위에 놓여 있는데, 문제의 방이 영업실인지 서재인지, 변호사의 사무실인지에 따라 자명종 시계는 다른 의미와 더불어 다른 방식으로 나타날 것이다.

자명종 시계를 보고 있어도 나의 의식의 장(場)은 소진되지 않는다. 자명종 시계는 다른 시계, 컵, 펜, 책 몇 권 등에 둘러싸여 있을 수 있다. 자명종 시계에 집중할 때, 나는 그 주변 환경에 주의를 기울이지 않는다. 그러나 내가 다른 기구들, 내가 서 있는 바닥, 방의 조명 등을 완전히 망각하는 것은 아니다. 나는 단지 그것들을 토대(ground)로 의식하고 있을 뿐이다. 즉 그것들은 자명종 시계에 관여하는 배경 역할을 하는 전체의 부분이다. 그리고 비록 이 대상들이 배경에 속하는 것이기는 하지만 그것들은 주의의 변화를 통해 그 자체로 주제가 될 수 있다. 실제로 이러한 주제의 변화 가능성은 정확히 나의 주제가 그 변화와 함께 주어지는 장(場)에 위치하고 있다는 사실과 그 장 안에서 내가 정신적으로 움직일 수 있다는 사실에 기초하고 있다.

분석을 더 진행하기 위해 자명종 시계가 관점적으로 나타난다는 것이 무엇을 의미하는지 잠시 생각해보자. 자명종 시계가 지각적으로 나타날 때, 그것은 항상 일정한 각도에서 지각하는 자와 일정한 거리를 두고 나타난다. 그런데 이것이 지각하는 자에 대해 우리에게 말해주는 것은 무엇인가? 자명종 시계가 그렇게 나타나기 위해서는 지각하는 자가 자명종 시계에 의해 점유된 공간과 동일한 공간에 위치해야만 한다. 그러나 지각하는 자가 공간적으로 위치한다는 것은 지각하는 자가 체화되는(embodied) 것을 말한다. 정녕 비체화된 지각하는 자는 공간적인 위치를 갖지 못하거나, 달리 말하면 자명종 시계는 오직 체화된 지각하는 자에게 일어나는 방식으로 나타날 수 있다. 순수하게 지적인 관점은 없고 아무 장소도 없는 데서 비롯한 관점도 없으며, 체화된 관점만이 있을 뿐이다.

신체가 지각에서 중대한 역할을 한다는 것은 약간 다른 방식으로도 설명될 수 있다. 비록 우리가 처음에 사물에 대한 매우 제한적인 관점에 직면하더라도, 우리는 거기에 만족하지 않는다. 후설이 지적하듯이, 대상은 우리에게 더 많이 탐색하라는 손짓을 보낸다.

> 아직 더 볼 것이 있으니, 당신이 내 모든 면을 볼 수 있게 나를 전환하고, 당신의 시선이 나를 뚫고 지나가게 하며, 내게 더 가까이 다가가서 나를 열고, 나를 분할하고, 나를 계속 훑어보면서, 나를 사방을 볼 수 있게 전환하라. 당신은 나를 이런 식으로 알게 될 것인데, 곧 나의 모든 존재, 모든 표면적 성질, 나의 모든 내감(內感)의 성질을 알게 될 것이다.[2]

우리는 이런 탐색을 어떻게 수행하는가? 어떻게 하면 자명종 시계를 더 잘 알 수 있을까? 손으로 집어 돌리면서 혹은 책상을 돌아다니면서 뒷모습을 관찰할 수 있게 함으로써 더 잘 알게 될 것이다. 그러나 이 모든 것은 신체적 관여와 상호작용을 요구하고 그것들에 깊이 연관되어 있다. 우리는 결과적으로 지각적 탐구가 부동의 정보 습득의 문제라기보다는 신체적 활동이라는 것을 알게 된다. 우리는 우리의 눈, 머리, 몸통, 팔

---

2 Husserl 2001a, p. 41.

과 손, 그리고 우리의 전신을 움직인다. 이 활동, 이 신체적 탐구, 그 점점 더 많은 측면을 발견함으로써 자명종 시계를 더 잘 알게 되는 것은 즉각적인 것이 아니다. 이는 시간이 걸리는 일이다. 그리고 실제로 시간이 중요한 역할을 한다. 먼저 자명종 시계의 앞쪽을 보고 나서 뒷면을 관찰하기 위해 이리저리 움직이면 앞은 점차 시야에서 사라지겠지만 마음에서는 사라지지 않을지도 모른다. 우리가 과거에 봤던 것을 존속시킬 수 있기 때문에 자명종 시계에 대한 우리의 친숙도는 높아진다. 관점 및 위치 변경을 실행할 때, 우리는 먼저 자명종 시계의 앞면과 옆면을 경험하는 것이 아니며, 마치 우리가 세 개의 뚜렷한 스냅샷을 보는 것처럼 그 뒷면을 경험하는 것도 아니다. 우리가 자명종 시계를 집어들어 손에 들고 돌리면, 우리는 자명종 시계의 나타남(appearance)이 갑자기 변하기보다는 점차적으로 변하는 것을 경험한다. 그러나 자명종 시계가 이런 식으로 나타나는 것과 관련한 우리의 의식 흐름은 순간적이고 단절된 일련의 지각일 수 없고 특정한 시간적 구조와 배열을 가져야 하며, 어떻게든 시간적으로나 경험적으로 통합되어 존재해야만 한다. 게다가 여기서 시간은 다른 역할을 한다. 맥락과 지평의 중요성을 강조할 때, 우리는 이것을 공간적 항으로만 생각할 것이 아니라 시간적 항으로도 생각해야 한다. 우리는 과거를 바탕으로, 그리고 미래에 대한 계획과 기대를 가지고서 현재를 접한다. 우리의 과거 경험은 사라지지 않으며, 우리를 건드리지 않은 채로 그저 남아 있지도 않는다. 자명종 시계를 알아차렸을 때 나는 그것을 더 조사하기로 하는데, 이 결심은 단지 내가 내 친구가 잠을 많이 자는 사람이라는 것을 과거의 경험으로부터 알았기 때문에 형성되는 것이 아니라 내가 내 친구에게 선물로 주려고 하는 미래에 대한 나의 계획 때문에 형성되는 것이기도 하다.

여기에 내가 이 예시에서 뽑아내고 싶은 마지막 논점이 있다. 자명종 시계가 나타날 때 그것은 나에게 나타나지만, 그 자명종 시계는 나의 사적 대상으로 나타나지 않는다. 오히려 그것은 타자들도 관찰하고 사용할 수 있는 만큼, 즉 바로 그만큼만 나에게 공적 대상으로 주어진다. 물론 그렇기에 내가 처음에 그 시계를 구매하기로 고려했을 것이다. 자명종 시계가 자신의 일부분만 내게 보여줘도, 타자들은 현재 내가 사용할 수 없는 자명종 시계의 측면을 동시에 감지할 수 있다.

나타남과 실재

그런데 이 모든 것이 무슨 관련이 있느냐고 반문할 수도 있다. 다양한 대상들이 어떻게 나타나는가에 초점을 맞추어 현상학은 현상과 대상들이 나타나는 본성, 겉으로 보이게 나타나는(apparently) 대상들이 무엇인가라는 것만을 우리에게 알려준다. 그리고 확실히 이것은 대상들을 참으로 존재하는 바 그대로 파악하려는 과학의 목표와 대조를 이루어야 한다.

철학적 전통의 많은 부분에서 이 현상은 실제로 우리의 눈에 보이는(그리고 우리의 범주와 함께 생각되는) 것으로, 그렇게 대상이 우리에게 나타나는 방식으로 정의됐으며, 그 자체로 존재하는 대상과는 대조를 이루었다. 그 후 대상이 실제로 어떤 것인지 발견하고 규정하기를 원한다면, 단지 현상적인 것을 넘어서야 한다는 가정이 있었다. 이것이 현상학이 채택하고 있는 현상 개념이었다면, 현상학은 단지 주관적으로 나타나는 것 또는 피상적인 것에 관한 연구였을 것이다. 그러나 이는 사실이 아니다. 하이데거가 『존재와 시간』 제7절에서 지적했듯이, 현상학은 매우 다른 고전적 개념을 채택하고 있다. 이를 따르자면, 현상은 자신을 보여주고 드러내는 것이다.[3] 현상학은, 결과적으로, 하이데거가 『존재와 시간』이 나오기 몇 년 전에 했던 강의에서도 지적했듯이, 순전히 나타나는 것에 대한 이론이기만 한 것은 아니다.

> 현상에 관해 그것을 마치 배후에 있는 것처럼 말하는 것은 현상학적으로 불합리하며, 그것은 [이 다른 어떤 것을] 표상하고 표현하는 나타남의 의미에서 하나의 현상이 될 것이다. 한 현상은 다른 어떤 것이 있을 수 있는 배후에 있는 것이 아니다. 더 정확히 말해 현상이 주는 것이 바로 그 자체로 어떤 것이기 때문에, 우리는 그 현상 배후에 있는 어떤 것을 전혀 요구할 수 없다.[4]

어떤 사람들은 그 현상이 객관적으로 존재하는 실재를 감추고 있는 단지 주관적인 것이거나 베일이나 연막이라고 주장할지 모르지만, 현상학자들은 두 세계 이론이라고 불리는 것, 즉 그 자체로 현전하고 우리로 말미암아 이해될 수 있는 세계와 그 자체로 존재하는 세계 사이를 원리적으로 구별해야 한다는 제안을 거부한다. 이것은 순전한 나타남과 실재 사이의 구별을 부정하는 것 ─ 결국 어떤 나타남이 오인되는 것 ─ 이 아니며, 단지 현상학자들에게 이 구별은 두 개의 분리된 영역(각각 현상학과 과학의 영역에 포함되는)의 구분이 아니라 두 가지 현시(manifestation) 방식의 구분에 불과하다. 그것은 대상들이 피상적인 시야에서 어떻게 나타날 수 있는지, 그리고 예를 들어 철저한 과학적 탐구의 결과로서 최적의 상

---

3 Heidegger 1996, p. 25.
4 Heidegger 1985, p. 86.

황에서 어떻게 나타날 수 있는지를 구별하는 것이다. 실제로 현상학자들은 우리에게 전형적으로 나타나는 세계가, 지각적으로 일상에서, 그리고 과학적 분석에서 모두 요구되는 실재성과 객관성을 모두 갖추고 있다고 주장할 것이다. 더 나아가 모든 형태의 주어짐과 모든 형태의 명증성을 넘어서는 배후에 있는 세계, 감춰진 세계가 존재한다고 주장하는 것과 그것이 실질적으로 실재하는 세계라고 주장하는 것은 전부 다 현상학자들에게는 공허한 사변적 주장으로 거부되고 만다. 실제로 그들은 그 제안 자체가 범주의 오류, 실재 개념 자체에 대한 잘못된 적용이자 남용과 관련되어 있다고 주장할 것이다. 현상학자들은 접근할 수 없고 파악할 수 없는 저편(beyond)으로 말미암아 객관적 실재성을 정의하기보다 객관성을 지정할 올바른 장소가 저편이 아닌 나타나는 세계 내에 존재한다고 주장할 것이다.

지금까지 이야기한 바를 고려할 때, 현상학적 탐구의 그 범위와 영역 자체와 관련해 어떤 결론을 내려야 할까? 현상학적 분석에서 궁극적으로 중요한 것은 무엇인가? 그 분석은 일차적으로 의식에 관한 세심한 탐구로 이해되어야 하는가? 이제 분명히 밝혀져야 할 일이지만, 현상학은 일차적으로 (또는 심지어 배타적으로) 마음의 구조에 초점을 맞추는 것이 아니다. 오히려 현상학적 분석의 적절한 초점은 마음-세계라는 쌍(또는 최종적으로 우리가 보게 될 것으로서 자기-타자-세계의 삼중주)이다. 이는 우리가 지향성이라는 핵심 개념을 고찰하는 순간에 더 명확해질 것이다.

더 읽을 거리

- Michael Hammond, Jane Howarth, and Russell Keat, *Understand-*

ing Phenomenology, Oxford: Blackwell, 1991.

- Dermot Moran, *Introduction to Phenomenology*, London: Routledge, 2000.
- Robert Sokolowski, *Introduction to Phenomenology*, Cambridge: Cambridge University Press, 1999.

제2장 **지향성**

나는 소수(素數)나 멀리 떨어진 은하수를 생각할 수 있고, 유니콘을 상상할 수도 있고, 카모마일 차를 맛볼 수도 있고, 악마를 두려워할 수도 있고, 어린 시절의 사건들을 기억할 수도 있고, 덴마크 여왕의 사진을 인식할 수도 있다. 만일 누군가가 이를 단지 내감과 느낌 상태의 혼합물이라고 생각한다면, 이는 결과적으로 내 경험적 삶을 잘못 특징지은 것이다. 우리가 보고, 듣고, 기억하고, 상상하고, 생각하고, 증오하고, 두려워할 때 이는 어떤 것에 관한 삶, 즉 우리의 보고, 듣고, 기억하고, 상상하고, 생각하고, 증오하고, 두려워하는 그것에 관한 삶이다. 의식은 바로 그 어떤 것에 대한 방향성을 가지는 것, 어떤 것에 대한 의식이기에, 이 의식은 **지향성**(intentionality)으로 특징지어진다. 의식은 의식 자체와만 연관되거나 의식으로 점유된 것이 아니라 그 본질상 의식 자신을 초월하는(self-transcending) 것으로 존재한다. 현상학자들에게 '지향성'은 이런 의식에 고유한 자신을-넘어-지시함을 일컫기 위한 일반적 용어다. 이러한 해당 용어의 의미를 우리가 행위할 때 가지는 마음속의 의도라는,

곧 우리에게 조금 더 친숙한 지향성의 의미와 혼동하지 않는 것이 중요하다.

지향성 개념에는 적어도 아리스토텔레스까지 거슬러 올라가는 긴 역사가 있고 이 개념이 중세 철학에서도 핵심적인 역할을 하기는 했지만, 현상학의 첫 번째 주요 저작인 후설의 『논리 연구』(1900~01)에서 비로소 주요 분석의 대상이 되었다. 그것은 후설이 자신의 생애 동안 지속적으로 탐구한 주제이기도 했다.

왜 이 주제가 그토록 중요한 것으로 여겨졌는가? 이는 지향성 연구가 경험적 주체성과 세계의 대상 간의 차이만이 아니라 둘의 연결성에 대한 명료한 이해를 가능하게 만들기 때문이다.

지향적인 것에 있어 의식은 스스로 폐쇄되는 것이 아니라 일차적으로 의식 자체와 전혀 다른 대상들과 사건들로 점철되어 있다. 내가 지각하는 생일 케이크는 그것에 대한 나의 지각과는 매우 다르다. 생일 케이크의 무게는 3킬로그램이고, 먹을 수도 있고, 광대짓에 사용될 수도 있다. 그에 비해 케이크에 대한 나의 경험은 무게가 전혀 나가지 않고 먹을 수도 없으며, 누구의 얼굴을 그것으로 때릴 수도 없다. 그리고 케이크는 어떤 것에 대한 것이거나 어떤 것에 속한 것이 아니지만 케이크에 대한 지각은 정확히 어떤 것에 대한 것, 즉 케이크에 대한 것이다.

보통 지향성에 관해 양상적이거나 관점적이라고 말한다. 우리는 절대로 단순화된 대상을 의식하지 않는다. 우리는 항상 특정한 방식으로, 어떤 관점으로부터, 또는 특수한 기술(記述)로부터 대상을 의식한다. 그 대상은 항상 주체에 대해 일정한 방식으로 현전하게 된다. 나는 스마트폰을 의사소통의 수단, 친구로부터 받은 선물, 음악을 효율적으로 저장하는 수단 또는 (제대로 작동하지 않기 때문에) 짜증의 원천으로 생각할 수 있다. 그러나 대상의 다른 속성들을 지향하는 것과는 별개로, 지향된 대상이 어떤 것으로 현전하게 되도록 변양하는 것과는 별개로 우리는 현전화 자체의 형태를 변양할 수 있다. 탁자를 지각하는 대신에 나는 그것을 상상하고, 판단하고, 기억하는 등의 일을 할 수 있다. 두말할 필요 없이 동일한 대상은 다른 방식으로 지향될 수 있고, 동일한 유형의 지향성이 다른 대상들을 목표로 삼을 수도 있다. '비가 오는 것'을 볼 수 있고 또는 '비가 오는 것'을 상상하거나 '비가 오는 것'을 부정할 수 있는 것처럼 '금융위기가 계속될 것'을 의심하거나 '선거가 공정했다는 것'을 의심하거나 '기후 위기가 가짜뉴스'라고 의심할 수도 있다. 지각이든, 상상이든, 욕망이든, 기억이든 간에, 지향적 경험의 각 유형은 독특한 방식으로 그 경험의 대상을 향한다. 현상학의 핵심 과제는 이러한 차이점을 상세히 분석하고 그것들이 체계적으로 상호 연관된 방식을 그려내는 것이다.

지각과 상

후설은 자신의 고전적 분석에서 지각적 지향성의 우위성을 강조한다. 다음 비교를 고려해보자. 우리는 생일파티에 어떤 케이크를 사야 할지 의논할 수 있다. 오셀로 케이크를 사야 하나, 자허토르테 케이크를 사야 하나? 우리는 이런 케이크들에 대해 생각할 수 있고 말할 수 있고 의식할 수 있다. 심지어 그것들의 부재에 대해, 즉 우리의 공간 근처에서 케이크를 찾을 수 없을 때도 그렇게 할 수 있다. 우리는 또한 오셀로 케이크의 구성과 모양에 대한 더 세부적인 것을 발견하기 위해 오셀로 케이크의 사진을 연구할 수도 있다. 우리는 이전과 같은 (유형의) 케이크를 지향하고 있지만, 그것은 이제 상으로서의 현전을 얻게 된다. 마지막으로 우리는 케이크를 사서(또는 구워서) 보고 맛을 볼 수도 있다. 세 가지 경우 모두 우리는 정확히 같은 (유형의) 케이크를 지향하지만, 세 가지 경우에서 케이크가 자신을 보여주는 방식은 상당히 다르다. 한 가지 가능성은 우리에게 그 대상을 가능한 한 직접적으로, 그리고 원래대로 부여할 힘을 따라 지향적 작용 행위들의 등급을 매기는 것이다. 우선 언어적(linguistic) 작용을 고찰해보자. 우리가 케이크를 단순히 생각하고 이야기할 때, 케이크는 확실히 우리가 지시하는 대상이자 생각하고 이야기하고 있는 케이크지만 어떤 직관적인 방법으로도 주어지지 않는다. 상적(pictorial) 작용들은 어떤 직관적인 내용을 가지고 있지만 언어적인 행위와 마찬가지로 대상을 간접적으로 지향한다. 언어적 작용은 관습적인 표상(언어적 기호)을 통해 사태를 지향하는 반면, 상적 작용은 사태와 일정한 유사성을 갖는 표상(representation, 상picture)을 통해 사태를 지향한다. 오직 지각적(perceptual) 작용만이 우리에게 대상을 직접적으로 준다. 후설에 의하면, 그것은 우리에게 대상 자체를 그 신체적 현전 가운데 제공하는 유형의 지향이다.[1]

그러나 이러한 주장은 그저 지각적 지향성이 우리에게 특권적인 방식으로 대상을 제시한다는 것을 뜻하지 않는다. 다시 말해 열기구를 타고 비행하는 것에 대해 말하는 것, 그것에 관한 비디오를 보는 것 또는 그것을 직접 경험하는 것에 대해 비교하는 경우도 있다. 그 주장은 지각적 지향성이 다른 복잡한 형태의 지향성, 가령 회상이나 상적 지향성보다 더 기초적이라는 것을 뜻한다. 에피소드적 기억이 있을 때, 오늘 아침 일찍 무엇을 먹었는지 기억할 때, 우리는 이전의 지각적 경험을 기억하고 있다.

---

1   Husserl 1982, pp. 92~93; Husserl 2001b, II, p. 260.

이 정도 수준에서 회상은 지각을 바탕으로 삼으며 지각을 전제로 한다. 우리가 그림을 보고 묘사된 대상들을 볼 때, 상황은 훨씬 더 복잡해진다. 다음 예를 고려해보자. 나는 빈에 있는 미술 박물관을 방문하고 있는데, 지금 알브레히트 뒤러의 막시밀리안 황제 초상화 앞에 서 있다. 내가 지향하는 대상은 무엇인가? 나는 이미지-사태로서의 초상화, 즉 물감의 층이 있는 액자 속의 캔버스로서의 이미지 사태에 참여할 수 있다. 또한 나는 이미지-대상, 즉 그려진 것의 표상 자체와 그 미학적 성질에 참여할 수 있고, 뒤러의 묘사가 얼마나 성공적인지에 대해 고찰할 수 있다. 그렇지 않으면 나는 이미지-주체, 즉 묘사되어 있는 어떤 것에 참여할 수도 있다.[2] 보통 우리의 관심은 후자에 쏠려 있다. 나는 막시밀리안 황제의 뚜렷한 옆모습이나 그의 호화로운 드레스, 혹은 그가 왼손에 들고 있는 석류들에 매료될 수도 있다. 이것은 쉽고 간단해 보일 수 있지만 상당히 복잡한 형태의 지향성을 수반하기 때문에 사실 미미한 성취가 아니다. 그 이유를 알아보려면 어떤 것이 다른 어떤 것의 이미지로 존재한다는 것(그리고 기능한다는 것)이 무엇을 의미하는지 생각해보라. 어떻게 해서 한 대상이 다른 대상을 묘사하는 것일까? 기호와 기호가 나타내는 의미 사이에는 본질적인 관계가 없는 반면, 그림은 필경 그것이 묘사한다고 말할 수 있는 것을 구속하는 특정한 내적 특성을 가지고 있을 것이다. 올바른 방식으로 결합했을 때, 다섯 개의 문자 c-h-a-i-r는 의자를 가리키지만 이 지시는 순전히 관습적이며, 서로 다른 것이 될 수도 있다. 덴마크어에서 그에 적합한 문자는 s-t-o-l이다. 이와는 대조적으로 우리는 뒤러의 초상화가 하인츠 토마토 수프 캔을 묘사하고 있다는 결정을 지체 없이

---

2 Husserl 2005, p. 21.

내릴 수 없다. 그러나 특정 유사성의 순전한 현전만으로 하나의 대상이 다른 대상을 묘사하게 된다고 생각하는 것은 잘못이리라. 두 대상이 얼마나 닮았든지 간에, 그것은 하나를 다른 것의 상이나 이미지로 만들지 않는다. 두 개의 풀잎은 꽤 비슷하게 보일 수 있지만, 그것이 하나를 다른 하나의 상으로 만들지는 않는다. 유사성은 상호적 관계인 반면에, 이것이 표상의 사례가 되지는 않는다. 초상화는 막시밀리안에 대한 그림이지만, 막시밀리안은 그림을 묘사하거나 표상하지 않는다. 후설의 상적 지향성에 대한 분석을 따르자면, 하나의 물리적 대상은 단지 다른 어떤 것의 그림으로서 기능할 수 있고, 그것이 관람자에 의해 특정한 방식으로 파악되는 경우에만 다른 것을 묘사하는 데 이를 수 있다. 다소 역설적으로 표현하자면, 그림에 묘사된 것을 보기 위해 우리는 모두 물리적으로 우리 앞에 현전한 것을 보거나 보지 말아야 한다. 우리는 액자와 캔버스를 지각해야 하지만, 묘사된 것들을 상적으로 나타나게 하기 위해 우리 앞에 물리적으로 현전한 것을 초월해야 한다. 어떤 점에서 액자는 상적 세계로 드러나는 일종의 창(window)으로 기능한다.[3] 일상의 예는 이것을 확증할 수 있다. 신문을 읽고 있다가 마크롱의 사진을 우연히 보게 되고, 평소 당신이 마크롱을 의식하고 있다면, 마크롱은 당신의 지향의 대상이다. 그런데 만약 이미지-대상으로서의 사진이 매우 흐릿하고 여러 화소로 나누어져 있다면, 그것은 당신의 주의를 끌게 될 것이다. 그러나 아무리 좋은 환경이라도 그 상적 지향성은 매개된 상태로 남아 있고 이미지-사태에 대한 주변적인 것의 의식적 자각과 연루된다. 그렇지 않다면 우리는 실제적인 현전으로 묘사된 것을 경험하고 있을 것이며, 결과적으로 가상

---

3 Husserl 2005, pp. 133~34.

(illusion)을 갖게 될 것이다.[4]

표상과 인과성

의식의 지향성은 단순한 문제가 아니라 다면적이고 다층적인 비계(飛階, scaffold)다. 사람들이 단순한 지각적 지향성의 경우를 말하는 것인지, 아니면 X가 Y를 묘사하는 것을 본 화랑을 방문했던 일을 기억하는 복잡한 경우를 말하는 것인지에 관한 문제와는 무관하게, 의식은 대상과 관련하고 대상으로 점철되며 자신이 아닌 다른 사건을 향해 자기 바깥을 지시하는 것으로 남아 있다. 하지만 이는 어떻게 가능한가? 마음은 어떻게 해서 이 비범한 위업을 수행할 수 있을까? 현상학자들이 거부하는 한 가지 관점에서 보자면, 경험은 세계 바깥에 대한 직접적 관계를 가지지 않으면서 주관적으로 일어나는 일에 관한 것이다. 만일 어떤 사람이 이러한 개념을 고수한다면, 그 전형적 주장은 지향성을 이해하고 설명하기 위해 마음과 세계 사이에 어떤 종류의 접속 기관을 도입할 필요가 있다는 것이다. 내가 케이크를 보고 있다면 케이크는 내가 의식하고 있는 것일지도 모르지만, 이것은 물리적 대상으로서의 케이크가 문자 그대로 내 의식 속에 존재한다는 것을 의미하지 않는다. 오히려 케이크는 나의 감각기관에 영향을 끼치고 있으며, 이러한 인과적 영향의 결과로서 케이크에 대한 정신적 표현이 의식에서 일어난다. 이러한 설명에서 일상적 지

---

4 공포영화를 볼 때, 너무 몰입하면 이런 일이 생길 수도 있다. 그러나 중요한 것은, 구체적인 미적 태도는 허구와 현실의 구분이 유지되기를 요구한다. 셰익스피어의 『로미오와 줄리엣』의 연기에 열중하고 매혹되어 로미오가 독약을 마시는 것을 보고 의사를 부르는 관객은 어떤 본질적인 것을 놓치고 있다.

각은 두 가지 존재자(entity), 즉 정신 외부의 대상과 정신 내부의 표상을 함축하고 전자에 대한 나의 접근은 후자에 의해 매개되고 가능해지게 된다.

그러나 모든 현상학자는 이 해석을 배척하고 있다. 나는 여기서 그들의 비판 중 두 가지를 언급할 것이다.

첫 번째 비판은 표상적 매개의 도입을 목표로 삼고, 두 번째 비판은 인과성을 기반으로 삼아 지향성을 설명하려는 시도를 목표로 삼는다.

표상주의는 회의주의로 악명이 높다. 왜 한 사태(내적 대상)에 대한 인식이 매우 다른 사태(외적 대상)에 대한 인식을 가능하게 해야 하며, 내면적으로 접근이 가능한 것이 외부적인 것을 실제로 표상해내는지를 어떻게 판단할 것인가? 결국 우리는 의식 바깥으로 질서정연하게 나설 수 있다는 듯이, 그렇게 안에 있는 것과 바깥에 있는 것을 비교하지 못한다. 또한 우리가 실제로 우리의 지각 경험을 검토한다면, 우리가 그림이나 사진을 지각하고 있는 한에서 대상들에 대한 상이나 기호와 마주하는 것이 대상 자체와 마주하는 것이라는 점을 알아야 한다. 엠파이어 스테이트 빌딩 사진이나 뒤러의 막시밀리안 황제 초상화를 보면 하나의 존재자(사진이나 그림)에 대한 인식이 다른 것(건물이나 사람)을 의식할 수 있게 해주는 복잡한 형태의 지향성에 직면하게 된다. 우리는 우리가 지각하는 것을 지향하는 것이 아니라 지각한 것을 통해 다른 것을 지향한다. 일반적인 인식에서는, 이와 반대로 지각으로 주어진 것은 다른 어떤 것의 기호나 상으로 기능하지 않는다. 실제로 후설이 옳다면, 대상이 상이나 기호로 기능하는 것이라면, 우리는 우선 그것을 지각해야만 한다. 그래야만 그 이후의 단계에서 그 표상적 속성을 획득할 수 있다. 그런데 만일 그렇다면, 지각의 표상 이론은 그것이 설명하려는 것을 전제로 삼기 때문에 거부될 수밖에 없다.

인과성이란 무엇인가? 지각적 지향성은 지각 대상과 지각 주체 사이의 인과적 연결의 한 형태로 가장 잘 설명되지 않는가? 인과성이 인과적 연쇄관계를 따라 문제의 대상과 연결되는 경우에만 의식의 상태가 대상을 표상한다(지시한다)고 말할 수 있는 것처럼, 인과성은 그렇게 마음과 세계를 연결하는 접착제일 수 없을까? 그러나 이런 다소 조잡한 설명은 몇 가지 명백한 어려움에 직면해 있다. 쌍안경으로 먼 언덕을 볼 때, 우리는 보통 내가 지각하는 대상은 언덕이라고 말하곤 한다. 그러나 비록 언덕(으로부터 반사된 빛)이 내 시각 체계에 인과적으로 영향을 끼칠 수도 있지만, 그것은 확실히 유일한 원인이 아니라 오히려 말단부의(distal) 원인일 것이다. 망막 근위부 자극은 말할 것도 없이, 왜 나는 쌍안경의 렌즈를 지각하지(표상하지) 못하는가? 또 다른 문제는 인과성이 너무 조잡해 보여 지향성의 양면성을 포착할 수 없다는 점이다. 내가 방에 들어가서 낡은 갈색 여행 가방을 본다고 가정해보자. 그 여행 가방은 언제나 내게 어떤 방식으로 나타날 것이다. 나는 여행 가방 전체(앞, 뒤, 아래, 안쪽)를 동시에 볼 수 없다. 또한 여행 가방은 특정한 조명과 특정한 배경에서 나타나기도 한다. 이 모든 것이 여행 가방이 인과적으로 나의 시각 체계에 영향을 끼치는 방식을 따라 쉽게 설명될 수 있다고 가정할 수도 있지만, 우리는 여행 가방 또한 항상 특정한 의미를 지닌 특정한 맥락에서 나타나리라는 것을 기억할 필요가 있다. 나의 이전 경험과 현재 관심에 의존하면서 똑같이 여행 가방은 여행 장비, 오래된 편지를 담는 용기, 모든 공간 물체가 뒷면을 가지고 있다는 논문의 예시, 엘리스섬의 기념품 또는 현재의 난민 위기의 상징으로 나타날 수 있다. 더 분명하게 말하자면, 나는 이론적일 뿐만 아니라 실천적인 매우 다양한 방식으로 동일한 여행 가방을 연관시킬 수 있다. 여행 가방에 가해진 인과적 영향이 이 모든 차이점을 설명할 수 있다는 것은 그리 명백하지 않다. 그러나 인과성으로 지향성을 환원하려는 시도에 대한 가장 골치 아픈 반대는 다음과 같은 것이다. 나의 직접적인 물리적 주위세계에 실제로 현존하는 공간적 대상들, 나에게 인과적으로 영향을 끼칠 수 있는 사물들은 내가 의식할 수 있는 것의 극히 작은 부분만을 구성한다. 달의 뒷면이나 사각형 원, 유니콘, 내년 크리스마스, 혹은 비-모순율의 원리를 생각해볼 수 있다. 그런데 이 부재하는 대상들, 불가능한 대상들, 허구적인 대상들, 미래 대상들, 또는 이념적 대상들이 어떻게 인과적으로 나에게 영향을 끼치게 되는가? 존재하지 않는 사물에 대해 생각하는 것이 가능하다는 사실은, 내가 어떤 것에 대해 의식하려면 어떤 대상이 인과적으로 나에게 영향을 끼쳐야 한다고 주장하는 이론에 대한 결정적 반박 논거가 되는 것처럼 보인다.

현상학적 역-제안과 관련해 우리는 무엇보다도 실제로 현존하는 대상을 향하게 된다. 레몬의 맛, 커피 향, 얼음 조각의 냉기는 어떤 거짓된 정신적 대상에 속하는 성질이 아니라 현전하게 되는 대상의 성질이다. 결과적으로 우리는 지각적 경험을 정신적 표상으로, 우리가 마주하는 일종의 내적인 영화 스크린으로 인식하는 일을 멈춰야 한다. 현상학자들은 존재하는 것을 경험하기 위해서는 대상들이 내적으로 재생되거나 표상될 필요가 있다고 생각하기보다는 지각적 경험이 우리에게 그 대상을 직접적으로 제시한다고 주장할 것이다. 표상을 경험한다고 말하기보다, 지각적 지향성을 재-현전화의 한 형태로 생각하기보다 우리가 지각을 현전화의 한 형태로 사유한다고 보는 것이 가장 좋다.

더 나아가 마음-세계 관계를 인과적 용어로 설명하려는 생각도 버려야 한다. 세계의 대상은 인과적으로 상호작용하지만 마음은 단순한 대상이 아니며, 마음-세계 관계의 독특한 성질은 두 세계 내 대상(two intra-worldly objects) 사이에서 얻어지는 인과관계의 종류와 동일시될 수도, 그런 관계로 흡수될 수도 없다. 실제로 마음을 이 세계 내의 또 다른 대상인 것처럼 간주해 접근하는 것은, 현상학자에 의하면, 참된 인식론적·존재론적 의미작용을 포함한 의식의 가장 흥미로운 양상 일부를 밝히기는커녕 그것을 드러내지 못하게 만들 것이다.

이제는 분명해져야 할 사안으로서, 현상학자들이 의식의 지향적 구조를 분석하는 데 관심을 두는 이유는 마음과 세계 사이의 관계를 해명하고자 하기 때문이다. 그들은 마음과 뇌의 관계에 특별히 관심을 두지 않고 비-지향적 메커니즘과 과정에 호소함으로써 그 관계를 환원주의적으로 설명하는 것이 지향성에 대한 적절한 설명이라는 견해를 공유하지 않는다. 현상학에서는 의식을 본질적이고 파생되지 않은 지향성으로 특징지으며, 인과성보다는 의미가 근본 역할을 한다고 주장할 것이다. 돌멩이가 유리창에 부딪혀 유리창에 금이 갈 수 있다. 그런데 비록 이 두 대상이 인과적으로 연결되어 있지만 한 대상이 다른 대상을 의식하는 것은 아니며, 다른 대상에 연결되어 한 대상이 존재하게 되는 것도 아니다. 심지어 내가 케이크에 인과적으로 영향을 받았다고 하더라도 내가 그것을 지각할 때, 그 케이크를 지각적으로 알아차리게 하는 것은 인과성이 아니다. 오히려 그 케이크는 나에 대해 의미가 있으며, 그 어떤 의미로 인해 나는 케이크를 지향하며 케이크를 향하게 된다.

마음과 세계

지향성에 대해 덧붙여야 할 말이 있다. 현재 목적을 위해 중요한 것은 현상학자들이 마음의 지향적 성격을 주장함으로써 자기-초월적 성격을 강조하고자 한다는 사실이다. 마음은 처음에 세계와 관련되기 위해 다른 곳에서 비롯한 인과적 충격을 기다려야만 하는 자기-폐쇄적 영역으로 받아들여지지 않는다. 단지 세계의 내적인 표상으로 다루는 내면의 영역에 어떤 식으로든지 위치한 것으로 의식을 파악하는 방식과 마찬가지로 세계를 우리 바깥이나 외부에 있는 것으로 간주하는 것은 오해를 일으킬 소지가 있다. 의식이 세계에 도달하기 위해서는 마음이 세계를 어떤 식으로건 흡수하거나 소화해내야 한다고 주장하는 것처럼 의식이 그렇게 문자 그대로 자기 바깥으로 나가야 한다고 주장하는 것은 잘못된 것이다. 이러한 제안들은 하나같이 모두 잘못되어 있으며, 이것들 모두 의식이 담지자도 아니고 특별한 장소도 아니고 오히려 그 개방성과 관련해 정의되어야 함을 깨닫지 못하고 있다. 우리는 우선 고립된 주체의 영역 안에 거주하고 있다가 그런 다음에 때때로 세계로 모험을 떠나는 자가 아니다. 오히려 의식의 지향적 개방성이 그 존재의 필수적인 부분이다. 다시 말해 의식의 세계-관련성이 그 본질의 일부다. 하이데거의 『존재와 시간』의 유명한 구절은 이 기본적인 통찰을 잘 포착하고 있다.

······으로 어떤 것을 향함과 파악함에 있어서 현존재는 우선 자기 안에 틀어박혀 있는 내적 영역에서 비로소 바깥으로 나오는 것이 아니라 오히려 자신의 일차적인 존재양식을 따라 언제나 이미 '바깥에', 각기 그때마다 이미 발견된 세계에서 만나는 존재자 곁에 있는 것이다. 그리고 현존재는 인식되어야 할 존재자와 함께 거하며 그 성격을 규정할 때에도 내적인 영역을 포기해버리지 않는다. 오히려 이러한 대상과 더불어 '바깥에 있음'에서도 현존재는 '안에' 있음으로 올바르게 이해된다. 다

시 말해 그 자신을 세계-내-존재로 존재하는 자로 인식한다.[5]

하이데거는 지향적 주체, 주체성이나 의식에 대해 말하지 않고 현존재(이를테면 거기 있는 존재, 곧 '거기'를 의미하는 'Da'와 존재를 의미하는 'sein'으로 구성된 말)라는 용어를 사용하기를 더 선호한다. 이러한 술어적 선택은 부분적으로 전통적인 용어와 더불어 비롯되는 오해의 소지가 있는 암시를 피하고, 부분적으로는 우리의 존재가 세계에 자리 잡고 있으면서 세계에 관여되어 있음을 강조하기 위한 바람에서 나온 것이다. 실제로 현상학적 탐구에서 드러나는 것은 내부적인 것과 외부적인 것이라는 전통적 범주가 현존재와 세계 사이의 관계를 충분히 포착해낼 수 없다는 것이다. 현존재는 언제나 이미 사태들 가운데 거주하기 때문에 바깥을 갖지 않으며, 또한 그런 이유로 내부를 가진다고 말하는 것 역시 터무니없다. 후설에게서도 비슷한 생각이 발견될 수 있다. 그는 안과 바깥의 손쉬운 구별이 지향성에 대한 적절한 이해에 부적절하며, 세계가 주체 안에 있지 않고 주체 바깥에 있지도 않은 것처럼 주체가 세계 안에 있거나 바깥에 있는 것도 아니라고 주장한다. 내-외의 구별 자체가 바로 현상학이 일으킨 혼란이기도 하다. 메를로-퐁티의 말처럼 "세계는 전적으로 내부에 있으며, 나는 전적으로 나 자신의 외부에 존재한다".[6]

우리가 잠시 상적 지향성으로 되돌아간다면, 이 사례의 요점은 단지 그것이 지각적 지향성과 어떻게 다른지를 강조하기 위한 것이 아니라 매

---

5 Heidegger 1996, p. 58. 스탐보가 번역한 『존재와 시간』에서 인용할 때, 해당 번역은 'Da-sein'(현-존재)을 'Dasein'(현존재)으로 옮기는 것에서 보듯 전체적으로 수정된 형태로 인용될 것이다.

6 Merleau-Ponty 2012, p. 430.

우 단순한 지향적 성취의 산물로 나타날 수 있는 것 — 에펠탑 사진을 보는 것 — 이 실제로는 매우 복잡한 지향적 상호작용을 하고 있다는 것을 보여준다. 보통 우리는 대상들을 당연한 것으로 여기고 그것에 대한 우리의 지향적 기여를 망각한다. 그러나 그림은 단순히 자연적으로 존재하는 것이 아니다. 마음이 없는 우주에는 그림이 없을 것이다. 대상들은 특별한 지향적인 성취로 인해 그림으로만 기능하는 데 이른다. 철저한 현상학적 주장은 이제 이것이 또한 더 일반적으로 참되다는 것이다. 후설은 초기 텍스트에서 이렇게 쓴 바 있다.

> 우리가 '의식하고' 있는 대상들은 단순히 의식 안에서 발견될 수 있고 그 안에서 포착될 수 있게끔 그렇게 단순히 상자 안에 있는 것같이 단순히 거기 있는 것이 아니다. ······ 그것들은 객관적 지향의 다양한 형태 안에서 우리에 대해 존재하고 우리에 대해 타당한 것으로 우선 구성된다.[7]

현상학적 텍스트에 나오는 '구성'(constitution)이라는 용어는 기술적인 (technical) 용어다. 구성은 창조를 의미하지 않는다. 의식은 의식 자신이 구성한 대상을 창조하는 게 아니다. 그것은 대상이 어떤 식으로건 그 작용으로부터 연역되거나 설명될 수 있다는 의미에서 대상들의 원천이 되는 것도 아니다. 물이 헬륨과 제논이 아닌 수소와 산소로 이루어져 있다는 사실이 의식과 관련해 설명되는 것도 아니다. 구성하는 의식에 대해 말하는 것은 마음의 고유한 이미지로 세계를 형태화하는 마음에 대

---

7 Husserl 2001b, I, p. 275.

해 말하는 것도 아니다. 오히려 구성은 대상의 현시나 나타남과 그 의미 작용을 가능하게 하는 과정으로 이해되어야 한다. 즉 그것은 대상을 나타내고 현시하며, 그 자체로 존재하는 그대로 현전하도록 구성되는 것을 허용해주는 과정이다. 또한 이 과정은 바로 이런 의미를 나타내는 방식으로 의식과 연관되는 과정이다.

보통 우리는 세계의 사건들에 흡수된 채로 자기 망각의 삶을 살아간다. 우리는 나타나는 대상에 초점을 맞추고 나타나는 대상에 참여하지는 않는다. 우리는 사태들이 일어나는 방식과 관련해 우리에게 사태들이 어떻게 나타날 수 있는지를 그것들이 가진 의미와 더불어 묻거나 검토하기 위해 멈춰 서지는 않는다. 그런데 만일 우리가 실질적으로 어떤 것이 지각된 대상, 기억된 사건, 판단된 사태가 되는 것이 무엇을 의미하는지를 철학적으로 이해한다면, 우리는 이러한 대상들이 우리에게 드러나는 지향적 상태(지각함, 기억함, 그리고 판단함)를 무시할 수 없다. 우리가 일상의 삶에서 주어짐의 방식을 무시하는 경향이 있다고 해도, 현상학의 과제는 처음부터 일상적 삶의 소박함과 결별하고 작용과 대상 간의 상관관계, 사유작용(cogito)과 사유대상(cogitatum)의 상관관계에 대해 주의를 환기하고 그것을 탐구하기 시작하는 데서 비롯되었다.

지향적 경험과 지향적 대상 간의 차이를 인식할 필요가 있다. 그런데 경험과 대상이 다르다는 사실이 그것들이 본질상 관련이 없다는 뜻을 수반하지는 않는다. 지향성에 대한 적절한 현상학적 탐구는 지각적 경험이나 감정적 경험 같은 주관적 측면만 검토해야 하는 것이 아니라 지각된 대상이나 욕망된 대상 같은 객관적 상관관계를 탐구해야만 한다. 그 반대 방향에서도 마찬가지다. 우리는 그 주관적 상관관계, 지향적 작용을 고찰하지 않고서는 지향적 대상을 적절하게 분석할 수 없다. 현상학의 주요 관심사는 주관적인 것과 객관적인 것 사이의 이러한 관계를 정확하게 설명하는 것이었다. 후설에게서 현상학의 가장 크고 중요한 문제들은 과학 이전의 문제로부터 최고의 과학적 존엄성의 문제에까지 다양한 종류의 객관성이 의식으로 어떻게 구성되는가라는 문제와 관련이 있었다. 실제로 "따라서 그것은 가장 포괄적인 보편성에서 어떤 영역과 범주의 객관적 통일성이 어떻게 '의식 특유의 방식으로 구성되는지'를 탐색하는 문제다".[8]

우리는 지금 현상학적 사유의 핵심 특징에 접근하고 있다. 지향성에 대한 현상학적 관심의 근거는 일차적으로 주관적 경험 자체에 대한 좁은 관심에 기인하지 않는다. 오히려 이 사유의 논점은 물리적 대상, 수학적 모형, 화학적 과정, 사회적 관계, 문화상품 등의 상태를 진정으로 이해하고자 한다면, 그것들이 어떻게 있는 그대로 나타날 수 있는지, 그리고 어떻게 그것들이 지닌 의미와 더불어 나타날 수 있는지 이해할 필요가 있다는 것이다. 그러기 위해서는 그것들과 함께 나타나는 주체(들)도 고찰해야 한다. 우리가 지각되고, 판단되고, 평가되는 대상들과 마주했을 때, 이러한 대상들에 대한 철저한 철학적 검토는 이러한 것들의 나타남의 방식과 상관된 경험의 구조로 우리를 이끌 것이다. 우리는 현전화, 지각, 판단 및 가치평가의 작용으로 인도될 것이며, 이에 따라 나타나는 대상은 반드시 주체(들)와 관련해 이해되어야 한다.

현상학적 태도를 채택함으로써 우리는 대상들의 주어짐을 주제로 삼는다. 그러나 우리는 단순히 주어진 대상들에만 정확히 초점을 맞추는 것이 아니라 각각의 대상 경험의 구조에 초점을 맞추어 우리의 주관적

8　Husserl 1982, p. 209.

인 성취와 대상들이 그 대상들로 나타나게 하도록 작용하는 지향성을 인식하게 된다. 나타나는 대상들을 탐구할 때, 우리는 또한 우리 자신을 나타나는 대상들에 대하여 있는 자로서 드러낸다. 현상학적 분석의 주제는 결과적으로 세계 없는 주체가 아니며, 현상학은 의식과 상관하는 세계를 무시하지 않는다. 오히려 현상학은 세계를 열어 밝히기 때문에 의식에 관심을 둔다. 어떻게 세계가 그 모습 그대로 나타날 수 있는지, 그리고 그것이 가진 타당성과 의미와 더불어 현상학은 지향적 의식의 열어 밝힘의 작용을 탐구하는 데 이른다. 단순히 심리적 영역에 관한 제한적 탐구에 그치는 것이 아니라 실재성과 대상성을 제대로 이해할 수 있는 토대를 마련하기 위해 지향성에 대한 심도 있는 탐구가 이루어진다.

실제로 지향성 이론이 후설의 사유에서 중심 단계를 차지하는 이유 중 하나는 바로 그가 주체성의 구조뿐만 아니라 대상성의 본질에 대한 통찰을 우리에게 제공하기 위해 세계를 향하는 의식에 관한 연구를 하기 때문이다. 세계에 대한 의식적 전유와 같은 어떤 것이 가능하다는 것은 우리에게 단지 의식에 관한 어떤 것만을 말해주는 것이 아니라 세계에 대해서도 말해주는 것이다. 그러나 물론 이렇게 의식을 어떤 세계를 현시할 수 있게 하는 구성적 차원으로, 세계가 자신을 드러내고 또렷하게 표현할 수 있는 '장소'로 논의하는 것은 단지 의식을 이 세계의 또 다른 (정신적 또는 물리적) 대상으로 보고, 그것을 과학적으로 다루려는 어떤 시도와도 사뭇 다르다.

마음과 세계를 동시에 탐구해야 한다는 사실을 주장함으로써 현상학은 인식론과 존재론 사이의 전통적인 구별을 가로지르거나 약화하는 관점을 제공한다. 전통적으로 사람들은 어떻게 우리가 세계를 이해하고 지식을 갖게 되는가를 묻는 물음을 실재의 본질과 관련된 물음들과 구별해왔다. 매혹적이면서 손쉬운 접근법은 전자의 물음에 대한 답변이 주관적이고 경험적인 과정에 다양하게 호소하는 것이지만, 후자의 물음에 대한 답변은 실재를 설명하기 위해 우리가 만들어낸 주관적인 기여를 '어디서나 보는 관점'으로부터 매우 의도적으로 추출하는 것이라고 주장하는 것이다. 하지만 현상에 초점을 맞춤으로써 현상학은 우리의 세계를 이해하고 경험하는 방식, 대상과 그 나타남의 방식을 동시에 분석하게 된다. 이것이 『존재와 시간』에서 하이데거가 존재론은 현상학으로만 가능하다고 하면서 우리의 세계-내-존재에 대한 분석이 존재론적 탐구의 열쇠라고 한 이유다.[9]

더 일반적으로 말해 현상학자들은 세계와 주체성의 관계는 마치 레고의 두 조각처럼 서로 붙어 있거나 분리될 수 있는 우연한 것일 뿐이라고 하는 입장에 이의를 제기할 것이다. 지향성의 교훈은 마음이 본질상 열려 있고 실재는 본질상 현시 가능하다는 것이다. 어떤 것을 실재로 간주하기 위해서는 원리적으로 어떤 것을 우리가 마주할 수 있어야만 한다. 물론 그 마주함의 방식은 다양해질 수 있다. 지각적 지식, 실천적 참여, 그리고 과학적 탐구는 단지 그 가능한 형태들의 일부일 뿐이다. 이러한 생각을 거부하고 달, 뉴런, 카드 한 장, 공동의 의례가 헤아릴 수 없는 숨겨진 참된 존재로 있다고 주장하는 것, 그것들이 실제로 존재하는 것이라고 주장하는 것은 사용의 맥락과 의미의 망 또는 이론적 틀과 전적으로 분리된 어떤 것이며, 우리가 그러한 것들에 대해 채택할 수 있는 경험적 관점과 이론적 관점이 무엇이건 간에 결과적으로 그 관점의 목표점을 놓칠 수밖에 없다. 아울러 이러한 주장은 모호하기 그지없는 것일 뿐

9 Heidegger 1996, p. 31.

만 아니라 인식론적으로 소박한 것이기도 하다. 어떤 근거로, 그리고 어떤 관점에서 그러한 주장이 정당화될 수 있는가? 어느 정도 실재와 일치하는지를 보기 위해 우리의 경험을 곁눈질할 수는 없다. 이는 그런 관점이 극단적으로 도달하기 어려우므로 그런 것이 아니라 그런 관점 자체가 무의미하므로 그런 것이다. 실재에 대한 모든 이해는 정의상 관점적이다. 우리의 관점을 없앤다고 해서 우리가 세계에 더 가까워지는 것도 아니다. 그것은 우리가 세계에 관한 어떤 것을 이해하는 일을 그저 방해할 뿐이다.

실재론과 관념론

마음과 세계의 상호의존성과 불가분성을 주장함으로써 현상학자들은 세계를 의식 내부에서의 변형이나 구성으로 환원하지 않는다. 그들은 세계가 마음과 다르다는 주장과 역으로 세계도 마음과 관련되어 있다는 주장을 결합하고 있다. 이러한 생각을 태동시킨 정식이 사르트르의 초기 텍스트에서 발견된다.

> 후설은 의식 안에서 사태를 용해할 수 없음을 지속적으로 단언했다. 당신은 분명 이 나무를 보고 있다. 하지만 당신은 그 나무를 있는 그대로 본다. 길가에서, 먼지 한가운데서, 지중해 해안으로부터 8마일 떨어진 곳에서, 홀로 더위 속에서 비틀거리며 그것을 본다. 그것은 당신의 의식으로 들어갈 수 없다. 왜냐하면 그것은 의식과 동일한 본질을 갖지 않기 때문이다. …… 그러나 후설이 실재론자인 것은 아니다. 메마른 땅 위에 있는 이 나무는 나중에 나와 의사소통을 할 절대자가

아니다. 의식과 세계는 한 번에 주어진다. 본질적으로 의식의 바깥인 세계는, 그럼에도 불구하고 본질상 의식에 상관적이다.[10]

여러 학술 문헌에는 이러한 관점이 현상학을 철학적 관념론의 한 형태에 이바지하게 하는지를 논의하는 내용으로 채워지는 경우가 많다. 레비나스는 후설의 관념론이 주체가 스스로 폐쇄되는 방식과 그 자신의 상태만을 인식하는 방식에 관해 다룬 이론이 아니라 지향적인 것으로서의 주체가 어떻게 모든 것에 열려 있는지를 다루는 이론이라는 점을 언급한 바 있다.[11] 많은 것이 사용되는 정의에 의존한다. 만일 우리가 관념론을 주체가 자신의 주관적 상태만을 알고 있다는 견해로 정의한다면, 그리고 실재론이 세계에 있는 대상, 마음과는 전적으로 다른 존재로서의 대상을 우리가 직접적으로 인식한다는 견해라면, 후설은 전통적인 관념론자보다는 실재론자에 더 가까울 것 같다. 그러나 앞서 지적한 바와 같이, 현상학자들이 객관주의에 반대한다는 것, 즉 실재가 어떤 경험하는 자로부터 완전히 독립한 채로 존재한다는 견해에 반대한다는 것에는 의심의 여지가 없으며, 실재에 대한 우리 인식의 파악은 기껏해야 앞서 현존하는 세계에 대한 충실한 반영이라는 것에도 의심의 여지는 없다.

이것은 후설만의 견해가 아니다. 하이데거와 메를로-퐁티 둘 다 마음의 자립적 본성을 부정하고 본질상 그것이 세계와 연관되어 있다고 주장한다. 하지만 그들은 더 나아가 반대 주장을 옹호하면서 세계가 마음과 얽혀 있다고 주장한다. 달리 말하면 마음과 세계의 관계는 하나의 내적

---

10 Sartre 1970, p. 4.
11 Levinas 1998, p. 69.

관계, 즉 그 관계항들을 구성하는 한 관계이지 인과성을 지닌 외적 관계
가 아니다. 하이데거가 1927에 강의한 『현상학의 근본문제들』에는 다음
과 같은 말이 나온다.

> 세계는 존재한다. 즉 그것은 현존재가 존재하는 경우에만, 오직 거기
> 현존재가 있는 한에서만 존재한다. 세계가 거기에 존재한다면, 현존재
> 가 세계-내-존재로 존재한다면, 거기에 존재 이해가 존재하는데, 이 이
> 해가 현존하면서도 유용한 것으로 드러나게 되는 세계 내부의 존재들
> 인 경우에만 그렇게 존재한다. 현존재 이해로서의 세계 이해는 자기 이
> 해다. 자기와 세계는 하나의 존재자, 현존재에 함께 속해 있다. 자기와
> 세계는 주체와 대상 같은, 또는 나와 너 같은 두 존재가 아니다. 다만
> 자기와 세계는 세계-내-존재의 구조의 통일성에서 현존재 자체의 근본
> 규정이다.[12]

마음과 세계의 상호의존성에 대한 이와 유사한 입장이 메를로-퐁티에
게서 발견되는데, 그는 『지각의 현상학』 끝부분에 이르러 다음과 같이 선
언한다.

> 세계는 주체, 세계의 기획에 다름 아닌 주체와 불가분의 관계에 있다.
> 또한 주체는 세계와 불가분의 관계에 있지만, 그 세계는 주체 자신을
> 투사한 세계다. 주체는 세계-내-존재이며, 세계는 '주체적인' 것으로 남
> 아 있다. 왜냐하면 주체의 질감과 뚜렷한 표현은 주체의 초월 운동을

---

12 Heidegger 1982, p. 297.

통해 소묘되기 때문이다.[13]

현상학의 초점은 마음과 세계의 교차점에 맞춰져 있는데, 그 둘 중 어느 것도 서로 분리되어 이해될 수는 없다. 우리는 우리의 세계-연관의 함수로서 우리로 존재하는 것이며, 의미의 근본적 맥락으로 이해되는 세계 또한 오직 그것과 우리의 연관 때문에 존재하는 것이다. 사람들이 타자 없이 존재하는 것이 무엇이냐고 묻는 것은 전경(foreground)과 무관하게 배경(background)이 그 자체로 무엇이냐고 묻는 것과 같다.

더 읽을 거리

- John J. Drummond, "Intentionality without Representationalism", In D. Zahavi (ed.), *The Oxford Handbook of Contemporary Phenomenology*, Oxford: Oxford University Press, 2012, pp. 115~33.
- Walter Hopp, *Perception and Knowledge: A Phenomenological Account*, Cambridge: Cambridge University Press, 2011.
- Jean-Paul Sartre, "Intentionality: a fundamental idea of Husserl's phenomenology", *Journal of the British Society for Phenomenology* 1/2, 1970, pp. 4~5.

---

13 Merleau-Ponty 2012, p. 454.

제3장 **방법론적 고찰**

현상학에서 가장 논란이 되고 있고 논쟁 중인 쟁점 가운데 하나는 방법론에 관한 것이다. 현상학적 방법이 있다면 어떤 것일까? 이 물음은 광범위한 의견 불일치와 함께 고려되는 매우 다른 답변들 때문에 논란을 일으키고 있다. 더 나아가 이 문제가 현상학에서 가장 오해를 많이 받는 양상 중 하나이기 때문에 비판자들만이 아니라 선의의 동조자들에 의해서도 논란이 되고 있다.

에포케와 환원

잘 알려진 대로 후설은 현상학에 지정된 임무를 완수하려면 일정한 방법론적 단계가 필요하다고 주장했다. 실제로 그는 심지어 이러한 단계를 무시하는 사람은 현상학이 무엇인지 이해할 기회가 없을 것이라고 말했다.[1] 그

---

1 Husserl 1982, p. 211.

러면 무엇이 문제인가? 잘 알려진 두 가지 특징에 초점을 맞춰보자.『논리 연구』에서 후설은 이렇게 선언했다. "우리는 '단순한 말'……로는 절대 만족하려 하지 않는다. 멀리 떨어진, 희미해진, 비본래적 직관─그것이 어떤 직관이라도─에 의해서만 영감을 얻게 된 의미로는 충분치 않다. 우리는 '사태 자체'로 돌아가야만 한다."[2] 후설은 이후의 작품에서도 자신이 에포케(epoché)라고 부르는 것을 수행하는 일, 곧 특수한 괄호치기나 판단중지의 필요성을 주장했다. 그런데 군이 괄호를 치거나 중지해야 할 것은 무엇이며, 왜 군이 그런 절차를 통해 사태 자체로 돌아가야 할까? 여기서 해석이 엇갈린다. 한 가지 해석을 따르자면, 사태 자체로의 돌아감은 이론과 해석, 그리고 구성에서 돌아서는 것이다. 우리가 괄호를 쳐야 하는 것은 우리의 선입견, 사유의 습관, 편견, 이론적 가정이다. 현상학의 과제는 이론적인 짐을 잔뜩 싣고 현장에 도착하기보다는 대상들을 향한 무편견적 전회(turn) 효과를 드러내는 것이다. 우리는 열린 마음으로 그곳에 이르러야 한다. 대상들이 있는 그대로 자신을 드러낼 수 있게 하려면 말이다. 우리는 우리가 어떻게 생각했는지가 아니라 경험에서 마주치는 것에 초점을 맞춰야 하고, 우리의 정의는 세심한 기술을 기반으로 삼아야 한다. 이런 독해에서 현상학은 연역적이거나 사변적인 과제라기보다는 기술적인(descriptive) 과제이며, 그 핵심은 엄밀한 직관적 방법이다. 때때로 문제시되는 기술은 대상의 본질적 특징을 파악할 수 있게 하려고 대상의 특수성에 무관심해지고자 하는 것으로 받아들여진다. 다른 경우에 이런 방법이 탐구 중에 있는 특수한 현상의 유일무이한 특이함을 존중하고 파악하기 위해 가능한 한 세세하게 진행되어야 한다는 주

---

2 Husserl 2001b, I, p. 168.

장이 있다. 이 야심의 초창기 (선-현상학적) 규정을 우리는 귀스타브 플로베르에게서 찾을 수 있다.

> 우리는 눈을 사용할 때마다 우리 앞의 사람들이 우리가 보고 있는 것들에 대해 생각해왔던 것을 기억하는 습관에 빠져들었다. 사소한 일에도 알 수 없는 것이 약간이나마 들어 있다. 우리는 그것을 찾아야 한다. 활활 타오르는 불이나 평원의 나무를 묘사하려면 우리는 그 불이나 나무가 우리에게 더 이상 어떤 다른 나무나 다른 불을 닮지 않을 때까지 그 불이나 그 나무 앞에 머물러야 한다.[3]

그러나 이런 에포케를 해석하는 또 다른 방법도 있다. 이 독법에서는 전통적 이론이나 편견만 괄호에 들어가거나 무시되면 그만인 것이 아니다. 더 중요한 것은 세계의 대상들과 사건들에 대한 우리의 습관적이고 자연적인 집착이다. 현상학의 의도는 대상들에 대한 우리의 집중과 관심으로 인해 표준적으로 간과되고 있는 우리 주체의 삶의 양상과 차원을 드러내는 것이다. 실제로 이런 설명과 관련해 현상학의 주요 목적은 우리가 내면의 경험에서 지금까지 주목받지 못했던 양상을 주제화하고 기술할 수 있도록 우리의 관심 범위를 넓히는 것인데, 이것은 또한 현상학이 내성적(introspective) 심리학과 많은 친근성을 가지고 있다는 결론으로 나아감으로써 비판자들만이 아니라 지지자들을 얻게 된 이유이기도 하다.

하지만 두 해석 모두 틀렸다. 이는 이 해석들이 진리의 일부 요소를 담

---

3 다음 문헌에서 재인용. Steegmuller 1949, p. 60.

고 있지 않다는 것이 아니라 중요한 부분을 놓치고 있다는 말이다. 현상학은 대상을 향한 전회도 아니고 주체로의 귀환도 아니다. 게다가 현상학의 주된 야망을 상세한 기술을 제공하는 것으로 보는 것도 잘못이다. 그뿐만 아니라 이러한 모든 해석의 문제는 이들이 현상학적 분석의 범위를 적절히 포착하지 못했다는 데 있다. 이미 강조된 바와 같이, 현상학적 분석의 목적은 대상이나 주체, 세계나 마음 둘 다를 탐사하는 것이 아니라 그것들의 상호관계나 상관관계를 탐구하는 것이다. 또한 그 해석들은 현상학의 철학적 성격을 제대로 인식하지 못하고 있다. 체계적인 야심을 결여한 순수하게 기술적인 노력이 후설과 막스 셸러에게 순전한 '그림책 현상학'(picture-book phenomenology)으로 치부된 것은 단순한 우연이 아니다.[4] 단적으로 개인의 경험에 대한 다양한 기술들 —이것이 내가 지금 여기에서 느끼고 있는 바라는 것— 또는 특정한 대상들, 또는 대상들의 더 불변적인 본질적 구조들을 개괄해내는 것은 현상학적 철학자들이 행하고 있는 체계적이고 논증적인 작업에 대한 불충분한 대안이 된다. 요컨대, 현상학의 미덕이 사태가 어떻게 보이는지에 주의를 기울임으로써 일출이나 커피 향기를 그것들의 풍요로움 속에서 포착할 수 있게 하는 것이라고 말하는 것은 매우 근본적인 방식에서 실제로 현상학에서 쟁점이 되는 것을 놓치게 만든다.

그렇다면 올바른 해석은 무엇인가? 답을 제안하기 전에 꽤 큰 영향력을 끼쳤던 또 다른 오해에 대해 간단히 고찰해보겠다. 이 해석에 의하면, 에포케의 수행은 현상학이 형이상학적 교설이 아니라 방법론적 또는 메타철학적 노력이라는 것이다. 이게 무슨 뜻인가? 이 해석에 의하면 현상

---

4 Spiegelberg 1965, p. 170; Scheler 1973, p. xix.

학자로서 우리가 괄호를 쳐야 하고 우리의 고찰 작업에서 제외해야 할 것은 실제로 현존하는 세계다. 현상학적 태도를 채택함으로써 우리는 현상들과 사태들이 어떻게 나타나는지, 그것들이 무엇을 의미하는지, 그것이 우리에게 얼마나 중요한지에 초점을 맞춘다. 이것은 우리가 단지 경험에만 집중하고 경험의 대상은 포함하지 않는다는 말은 아니지만 대상들, 즉 보이는 탁자, 마음을 움직이는 꽃잎, 들리는 멜로디는 이것들이 경험 속에서 헤아려지는 한에서만 고찰된다. 그것들이 실제로 존재하는가 존재하지 않는가 하는 것은 현상학적으로 부적절한 물음이다.

이러한 해석에서 비롯한 현상학적 괄호치기의 진정한 목적은 결과적으로 탐구의 범위를 제한하는 것이다. 고찰 작업에서 배제되는 어떤 문제들, 현상학자로서 우리가 관여해서는 안 되는 어떤 문제들이 있을 뿐이다. 우리는 우리가 정신 바깥의 것, 초재적인 어떤 것, 의식에 포함되지 않은 어떤 것을 향하고 있다고 믿을 수 있다. 또한 우리는 현상학자로서 이런 믿음과 자연적 대상, 인공적인 것, 타인, 예술 작품, 사회 제도 등에 대한 우리의 경험을 탐구해야 한다. 하지만 우리는 이런 존재자들의 존재 자체에 대해서는 어떤 말도 할 자격이 없다. 현상학자로서 나는 내가 레몬을 경험한다고, 레몬이 나타난다고, 마치 내 앞에 레몬이 있는 것처럼 보인다고 주장할 수 있지만, 나는 현상학자로서 레몬이 실제로 존재한다고 단언할 수는 없다. 이를 단언하는 것은 현상학에서 대상이 어떻게 나타나고 그것이 나에게 어떤 의미를 지니는지에 대한 관심을 넘어 형이상학으로, 실재와 실질적 현존에 대한 관심으로 부적절하게 넘어가는 것이다.

전술했듯이, 이 (잘못된) 해석은 매우 큰 영향력을 발휘했다. 그러나 이 해석이 직면하고 있는 한 가지 문제는, 후설 이후의 현상학자들 중 몇 명만 언급할 뿐이지만, 하이데거와 메를로-퐁티가 자기들의 현상학적 연구가 존재에 얼마나 연관되어 있는지에 관해, 자기들의 존재론적 헌신에 관해 명시적으로 언급하고 있다는 것이다. 하이데거는 이렇게 말한다. "현상학과 나란히 선 존재론이라는 것은 없다. 학술적 존재론은 현상학에 다름 아니다."[5] 이 도전에 대처하는 한 가지 방법은 현상학이 후설 이후에 근본적인 변형을 겪었다고 주장하는 것이다. 현상학에 대한 그의 개념은 앞서 언급한 제약을 포함했지만, 이후 현상학자들은 후설의 방법론적인 움직임을 포기하고 그 과제 전체를 근본적으로 변형해냈다. 수많은 책이 후설의 현상학과 후설 이후의 실존론적 현상학 또는 현상학적 해석학 사이의 논쟁적 관계에 대해 다루었는데, 이 맥락에서 그 관계를 세부적으로 언급하는 것은 너무 멀리 나아가는 것이다. 그러나 이 문제에 대한 나 자신의 견해에 대해서는 열려 있고자 한다. 나는 분명 연속성의 논지를 옹호하는 이들의 편에, 일련의 공통 주제와 관심사를 지닌 일종의 현상학적 전통이 있다고 생각하는 사람들의 편에 서서 그 지지자들을 결집하고 계속 단결시키는 데 힘을 쏟고 있다.

이 해석을 방어하는 가장 직접적인 방법은 후설이 세계와 참된 존재에 관심을 두고 거기에 몰두했음을 보여주는 것이며, 또 에포케의 목적이 고찰과정에서 양자 가운데 어느 쪽에도 괄호를 치는 게 아니라는 것을 보여주는 것이다. 그런데 다시 말하지만 이를 어떻게 이해해야 하는가? 에포케를 해석하는 적절한 방법은 그것이 실재의 배제가 아니라 실재에 대한 특정한 독단적 태도를 중단시키는 것으로 보는 것인데, 그것은 실증과학에서만이 아니라 우리의 일상적 전(前)이론적 삶에도 스며들어 있는

---

5   Heidegger 1985, p. 72.

태도다. 실제로 그 태도는 너무나 근본적이고 만연해 있는데 후설은 이를 자연적 태도라고 부른다. 그 태도는 무엇에 관한 것인가? 우리가 경험에서 마주하는 세계가 우리와 무관하게 독립적으로 존재한다는 것을 단적으로 당연하게 여기는 것이다. 실재를 자립적 존재자로 생각하는 것이 얼마나 자연스럽고 명백한 것인지와는 무관하게 만일 철학이 비판적 해명의 근본 형식에 이르는 것이라고 한다면, 이런 식의 자연적 실재론을 단적으로 당연시할 수는 없는 노릇이다. 철학이 근본적인 불음을 넌지는 한 형태로서 권리를 가지고 있다면, 철학은 그에 앞서 편견을 가질 수 없다. 반대로 현상학적 태도를 견지하면서 현상학적 철학에 참여하려면 세계에 관한 소박하고 검토되지 않은 몰입에서 한 걸음 물러나 그 세계의 마음-독립적 현존에 대한 우리의 자동적인 믿음을 유보해야 한다. 이러한 태도를 유보함으로써 실재가 항상 특정한 한 관점이나 또 다른 어떤 관점에서 드러나게 되고 검토된다는 사실을 주제화함으로써, 실재는 시야에서 사라지는 것이 아니라 이제 처음으로 철학적 탐구를 위한 대상으로 접근 가능한 것이 된다.

그런데 왜 많은 이들은 에포케를 존재론적 요구로부터 물러서는 것으로, 존재 물음을 무시하는 것으로 해석했는가? 이런 오해가 있는 데는 후설에게도 부분적으로 책임이 있다. 예를 들어 후설이 에포케는 세계에 대한 모든 관심을 괄호에 넣는 것이라고 처음으로 밝힌, 『위기』의 제52절에 나오는 그의 입장을 살펴보자.

세계의 존재, 현실성 또는 비존재에 대한 어떤 관심, 즉 이론적으로 세계에 대한 인식을 지향하는 어떤 관심, 그리고 심지어 통상적인 의미에서의 실천적 관심까지도 그것의 상황적 진리들의 전제에 의존하는 것

은 금지된다.[6]

그러나 그가 한 페이지 뒤에 설명하는 것처럼 이 최초의 공언은 오해의 소지를 안고 있다.

에포케의 방향 재설정에서 상실되는 것은 아무것도 없고, 세계의 삶에 관한 관심과 목적도, 따라서 인식의 목적도 상실되지 않는다. 다만 이 모든 것에 대해 그것들의 본질적인 주관적 상관관계가 나타나게 되며 따라서 객관적 존재, 즉 모든 객관적 진리의 완전하고 참된 존재적 의미가 명시된다.[7]

사실, 그가 더 자세히 설명하듯이, 에포케에 대한 가장 흔한 오해 중 하나는 그것이 '모든 자연적인 인간의 삶의 관심'으로부터 '돌아서는 일'을 수반한다는 것이다.[8] 실제로 이른바 세계의 배제는 세계 자체의 배제가 아니라 세계의 형이상학적 지위에 관한 특정한 소박한 편견의 배제다. 요컨대, 현상학자는 세계를 소박하게 정립하기를 그만두어야 한다.[9] 이 에포케의 결과로 세계가 사라지는 것은 아니다. 그것은 세계 존재의 유보를 수반하는 것이 아니라 마음과 세계 사이의 근본적인 상관관계를 발견하는 것을 가능하게 하는 것을 목표로 삼는다. 사실, 후설은 현상학적 태도를 채택하고 현상학적 반성을 시행함으로써 우리가 우리의 연구를

6　Husserl 1970, p. 175.
7　Husserl 1970, p. 176.
8　Husserl 1970, p. 176.
9　Husserl 2002, p. 21.

속박하기보다는 확장해야 한다는 사실을 크게 강조한다. 『위기』에서 후설은 에포케의 수행을 이차원적 삶에서 삼차원적 삶으로의 이행에 비유하기도 한다.[10] 우리는 이 에포케의 수행을 통해 새로운 통찰을 가능케 함으로써 우리의 이해를 넓히는 관점의 변화, 일종의 게슈탈트 시프트를 발휘하게 해야 할 것이다.

그러나 엄밀히 말하면 에포케는 오직 출입구로 들어가는 첫걸음일 뿐이다. 후설이 초월적 환원(transcendental reduction)이라고 부르는 것이 뒤따라 나와야 한다. 먼저 자연적 태도를 괄호치거나 유보하여 실재를 더 이상 출발점으로 단순하게 받아들이지 않음으로써, 우리는 그 대신 우리에게 주어진 세계의 대상들이 무엇으로 어떻게 주어지는지에 관심을 기울인다. 그런데 이렇게 어떤 대상이 우리에게 그 자체로 어떻게, 그리고 무엇으로 현전하는지를 분석함에 있어 우리는 또한 반드시 이해되어야만 하는, 나타나는 대상과 관련된 지향적 작용과 경험적 구조를 발견하게 된다. 우리는 우리 자신의 주관적인 성취와 기여, 그리고 세계의 대상들이 수행하는 방식과 그것들이 가지고 있는 타당성과 의미와 더불어 그것들이 나타나게끔 작용하는 지향성을 평가하기에 이른다. 후설이 초월적 환원을 말할 때, 그가 염두에 두고 있는 것은 정확히 주체성과 세계 사이의 이러한 상관관계에 대한 체계적 분석이다. 이것은 자연적 영역에서 그 초월적 토대로 다시 이끄는(re-ducere) 더 장기적인 분석이다.[11] 따라서 에포케와 환원 모두 철학적 반성의 요소로 볼 수 있다. 우리를 자연(주의)적 독단론으로부터 해방하고, 우리가 모두 일정 수준에서 구성의

<hr />

10 Husserl 1970, p. 119.
11 Husserl 1960, p. 21.

과정과 연관되어 있다는 것을, 즉 우리 자신의 구성적 연관을 깨닫게 하는 것이 에포케와 환원의 목적이다.

초월철학

이런 종류의 반성적 움직임이 얼마나 긴요한지를 주장함으로써 후설은 자신이 초월철학이라고 하는 철학의 전통에 속해 있다고 단언한다. 이 철학적 접근에 대해 알아보자. 초월철학의 의도는 철학자가 식물학자나 해양 생물학자처럼 새로운 사실을 드러내기 위해 세계의 대상들에 대한 직접적인 일차적 탐구를 하지 않는 데서 비롯한다. 실재에 대한 한 가지 적절한 철학적 탐사는 우주의 내용을 발명해내는 것이 아니라 어떤 것을 실재로 간주하기 위해 충족되어야만 하는 조건들을 설명하는 것이다. 초월철학의 철학적 과제는 단순히 객관적 세계의 예비적 성격을 소박하게 가정하기보다 객관성과 같은 것이 우선 어떻게 가능한지 해명하는 것이다. 세계는 어떻게 참된 객관적 성격을 갖게 되는가? 어떻게 세계가 경험 자체를 초월하면서 경험 가운데 주어질 수 있을까?

현상학적 태도를 도입할 때, 우리는 세계로부터 우리의 주의를 물리쳐서 그 주의를 우리 자신의 경험적 삶을 향하게 하지 않는다. 또 우리는 사적인 내면의 영역에서 일어나는 일을 검토하기 위해 우리의 시선을 내부로 돌리지 않는다. 우리는 계속해서 세계의 대상에 관심을 가지지만 이제 우리는 그것을 더는 소박하게 여기지 않고 오히려 그것을 지향된 것, 주어진 것, 즉 경험의 상관관계에 입각한 것으로 간주한다. 우리는 우리에게 주어지는 세계의 대상들을 어떤 식으로 주고 무엇으로 주어지는가 하는 데 주의를 기울인다. 후설의 의식에 관한 관심은 의식이 세계를 밝혀낸다는 사실에 기인한다. 의식은 단지 세계 내의 한 대상이 되기보다 세계에 대한 한 주체이며, 곧 어떤 존재자의 존재방식과 그 존재의 의미와 더불어 그 존재자가 대상으로 나타날 가능성의 필연적 조건이기도 하다.

현상학의 목적은 단순히 심리학적 영역에 관한 제한된 탐구에 그치는 것이 아니며, 결과적으로 존재자와 객관성에 대한 적절한 설명을 제시하는 것이다. 존재와 실재를 다른 학문에서 다루어지는 주제처럼 대하는 방식은 해당 주제에 대한 후설의 고유한 주장을 존중하거나 반영하지 못할 것이다. 그가 『데카르트적 성찰』(1931) 제23절에서 주장하듯이, 현존과 비현존, 존재와 비존재라는 주제는 현상학의 모든 것을 아우르는 주제다.[12]

에포케와 환원은 실재를 시야에서 사라지게 하기보다는 바로 그 실재를 철학적으로 탐구할 수 있게 하는 것이다. 하이데거 자신의 초창기 강의인 『시간의 개념의 역사: 프롤레고메나』에서는 후설의 현상학적 방법론에 대해 논의하는데, 한 대목에서 다음과 같은 매우 날카로운 특징짓기가 등장한다.

> 이러한 존재자에 대한 괄호침은 존재하는 것 자체로부터 어떤 것도 빼앗지 않으며, 존재자가 존재하지 않는다고 가정하는 것도 아니다. 이러한 관점의 전복은 오히려 존재하는 것의 존재를 현전화하는 의미를 지닌다. 초재적 정립에 대한 현상학적 판단중지는 존재하는 것을 그 존재와 관련해 현전하게 하는 단지 유일한 기능이다. 그러므로 '유보'라는 용어는 존재의 정립을 유보하는 것인데, 그렇게 함으로써 현상학적 반성이 존재하는 것과 더는 관련이 없다고 생각할 때 항상 오해를 받게

---

12 Husserl 1960, p. 56.

된다. 그와는 정반대로 극단적이고 독특한 방식으로, 지금 참으로 쟁점이 되는 것은 존재하는 것 자체의 존재에 관한 규정이다.[13]

후설은 에포케와 초월적 환원을 부적절한 특성으로 보게 되면 현상학이 무엇인지 이해할 기회조차 없을 것이라고 거듭 주장해왔다. 하지만 이후의 현상학자들은 어떠한가? 하이데거도 메를로-퐁티도 이 에포케와 환원에 대해 많은 언급을 하지 않았다는 것은 두말할 나위 없는 사실이다. 그러나 이것은 그들이 후설의 방법론을 거부했기 때문일까, 아니면 단순히 그것을 당연한 것으로 받아들였기 때문일까? 『이념들 I』의 제27~33절에서 후설은 자연적 태도를 상세히 기술하면서 우리가 단지 자연적인 선(先)철학적 태도에서 소박하게 계속 머무는 한, 우리의 고유한 주체성의 특별한 성격만이 아니라 세계와 우리의 관계의 근본구조마저 은폐될 것이라고 주장한다. 우리의 자연적 태도를 유보함으로써 우리는 우리의 주체성에 세계 내 또 다른 대상이 되는 것 그 이상의 것이 있음을 발견한다.

만약 우리가 『이념들 1』에서 『존재와 시간』으로 이행한다면, 우리는 다소 비슷한 방식으로 논증을 시도하는 하이데거를 보게 될 것이다. 하이데거에게서 일상적 실존은 자기-망각과 자기-대상화로 특징지어지고, 우리는 모두 우리의 고유한 자기-이해가 세계의 문제에 관한 상식적 이해에 좌우되게 두는 경향을 보인다.[14] 현상학은 이러한 평균적 자기-이해에 대한 투쟁으로 기술될 수 있다. 이 때문에 하이데거가 『존재와 시간』에

---

13 Heidegger 1985, p. 99.
14 Heidegger 1996, p. 18.

서 현존재의 존재를 열어 밝히는 일은 현존재 자신이 자신을 은폐하려는 경향과 직접적으로 대결함으로써만 얻어지는 것이라는 점에서 일정한 폭력으로 특징지어진다. 실제로 현존재의 존재는 현존재로부터 빼와야 하는 것이며, 현존재로부터 포착되는 것이다.[15] 또한 하이데거는 우리의 일상적 삶이 어떻게 관습적인 규범과 표준의 안내를 받게 되는지를 논한다. 모든 것은 이미 다른 사람들에 의해 이해되고 해석되며, 우리는 모두 지배적인 판단과 가치를 비판 없이 떠맡는 경향이 있다. 이 모든 것을 의심하지 않고 내버려둠으로써 우리는 안락함과 편안함을 느끼게 되고, 근본적이고 불안정한 물음을 던지기 시작할 실질적 동기를 갖지 못한다. 하지만 한 예로 불안에 압도되는 특정한 사건들은 일상적인 친숙함을 붕괴시킬 수 있고, 심지어 가장 친숙한 장소들을 낯설고 섬뜩한 것으로 만들 수도 있다. 이런 상황에서 단순히 세계에 대한 관습적인 해석에 계속 의존하는 것은 불가능할 것이다.[16] 바로 그런 수준에서 불안은 우리의 자연스러운 사유하지 않음을 파열시키고 우리를 철학적 물음으로 내모는 사건으로 받아들여질 수 있다.

다음으로 우리가 『지각의 현상학』을 고찰한다면, 우리는 메를로-퐁티가 다음과 같이 쓴 대목과 맞닥뜨리게 된다.

우리는 철저히 세계와 관련해 존재하기 때문에 우리가 우리를 통각하기 위한 유일한 방식은 바로 그 운동을 중단시키고 거기에 동참하기를 거부하는(또는 후설이 말한 것처럼 거기에 참여하지 않고ohne mitzu-

---

15 Heidegger 1996, pp. 187, 287, 289.
16 Heidegger 1996, p. 175.

machen 그것을 보는) 것이며, 또는 그 운동 안에서 놀지 않는 것이다. 우리가 상식과 자연적 태도의 확실성을 단념해서가 아니라 이것들도 철학의 탐구 주제이고 오히려 모든 사유에 전제된 것들로서 '당연한 것으로 여겨진' 채로 간과되고 있으므로 그것들을 소생시키고 나타나게 하려고 우리가 한순간이라도 그런 행위를 삼가야 해서 그렇게 하는 것이다. 아마도 가장 훌륭한 환원의 공식은 후설의 조교였던 오이겐 핑크가 세계 앞에서의 '경이'를 말했을 때 제시된 것이리라. 반성은 세계로부터 물러서서 세계의 기초인 의식의 통일성을 향하지 않는다. 오히려 반성은 솟아오르는 초월들을 보기 위해 뒤로 물러서는 것이며, 그 초월들이 나타나도록 세계와 우리를 연결해주는 지향적 단서를 늘 어뜨리게 하는 것이다. 반성은 세계를 낯설게 하고 역설적인 것으로 드러낸다는 점에서 오직 그것만이 세계의 의식이다.[17]

같은 책에서 우리는 또한 세계를 제대로 이해하려면 익숙한 세계를 받아들이는 것과 단절할 필요가 있음을 주장하고, 세계의 절대적(즉 마음-독립적) 존재가 의문시되지 않으면 의식에 관한 적절한 탐구가 이루어질 수 없다고 주장하는 메를로-퐁티를 발견하게 될 것이다.[18]

하이데거나 메를로-퐁티는 현상학의 과제가 가능한 한 정확하고 꼼꼼하게 대상이나 경험을 기술하는 것이라는 주장을 받아들이지 않을 것이며, 또한 그 과제를 현상을 그 모든 사실적 다양성 안에서 탐구하는 데 관심을 두는 것이라고 간주하지도 않을 것이다. 이 둘 모두에게 철학은

---

17 Merleau-Ponty 2012, p. lxxvii.
18 Merleau-Ponty 2012, pp. 59~60.

실증과학에서 발견되는 것과는 상당히 다른 처지에 있다는 특징을 가진다. 후설의 용어인 에포케와 환원은 철학적 사유의 태도에 이르는 데 필요한 반성적 운동에 관한 것이다. 후설의 기획의 다양한 세부 사안들과 일치하지 않음에도 불구하고, 하이데거와 메를로-퐁티 모두 이 반성적 운동에 전적으로 전념하고 있다. 메를로-퐁티와 하이데거 모두에게 실증과학은 실재의 마음-독립적 본질에 대한 어떤 생각을 당연한 것으로 간주해버리고, 그러한 이념을 비판적인 섬세한 탐구 조사를 받지 않아도 되는 것으로 간주하는 것으로 보이는 입장이다. 그러나 현상학의 목적은 그러한 객관주의에 의문을 제기하고 모든 대상, 과학적 발견들, 문화적 성취들, 사회적 제도들 등이 우리에게 어떻게 그 자체로 현전하거나 현시되는지를 탐구하는 것이다. 우리가 현상학자로서 근본적인 존재론적 물음에 관여하게 된다면, 우리는 하이데거를 따라 현존재의 존재 이해에 대한 탐구를 진행해야 한다. 즉 우리는 "존재가 현존재의 이해가능성으로 진입하는 한에서" 존재를 탐구해야만 한다.[19]

후설과 후설 이후 현상학자들의 관계는 계속해서 논란이 되고 있다. 하이데거와 메를로-퐁티 같은 인물들이 후설에게 어느 정도의 빚을 졌는지에 대해서는 의견이 나뉜다. 카먼은 "하이데거의 기초존재론은 후설 철학의 번역은커녕, 후설에 대한 단순한 보충이나 연속으로도 이해될 수 없다"고 주장했으며,[20] 메를로-퐁티는 『존재와 시간』 전체가 후설의 생활세계 개념에 대한 해설에 불과하다고 주장했다.[21] 그리고 메를로-퐁티 자신

---

19 Heidegger 1996, p. 142.
20 Carman 2003, p. 62.
21 Merleau-Ponty 2012, p. lxx.

도 후설에게 진 빚을 거듭 강조했고 때때로 자신의 저작을 후설의 후기 철학의 함의를 밝히면서 후설과 관련해 '사유되지 않은 사유'를 사유하기 위한 시도라고 했지만,[22] 수많은 메를로-퐁티 연구자는 메를로-퐁티가 후설에게 찬사를 보낸 근거라고 발견된 것이 사실은 메를로-퐁티의 고유한 철학의 부연일 뿐이라고 주장해왔다.[23]

후설과 하이데거, 그리고 메를로-퐁티 사이에는 확실히 상당한 차이가 있다. 후설이 하이데거와 메를로-퐁티에게 어떤 영향을 주었건 간에, 두 사람은 아리스토텔레스, 데카르트, 키에르케고어, 니체, 베르그송, 사르트르 등 철학의 전통에 속해 있는 다른 중요한 인물들에게도 빚을 졌다. 그러나 하이데거와 메를로-퐁티가 후설과 불일치하는 상당 부분은 서로 공유하는 가정(assumption)의 지평 내에서 일어난다. 그것은 내재적 비판, 곧 현상학에 대한 내적 비판이지 현상학과의 단절이나 일반적인 거부가 아니다. 달리 표현하자면, 하이데거와 메를로-퐁티 사유의 현상학적 측면을 이해하고 평가하기 위해서는 그들과 후설의 가까움이 필수 불가결한 것으로 남게 된다.

더 읽을 거리

- John D. Caputo, "The question of being and transcendental phenomenology: reflections on Heidegger's relationship to Husserl", *Research in Phenomenology* 7/1, 1977, pp. 84~105.

---

22 Merleau-Ponty 1964a, p. 160.
23 Madison 1981, p. 170; Dillon 1988, p. 27.

- Steven Crowell, "Heidegger and Husserl: The Matter and Method of Philosophy", In H. L. Dreyfus and M. A. Wrathall (eds.), *A Companion to Heidegger*, Oxford: Blackwell, 2005, pp. 49~64.
- William J. Lenkowski, "What is Husserl's epoche? The problem of beginning of philosophy in a Husserlian context", *Man and World* 11/3~4, 1978, pp. 299~323.

제4장 **과학과 생활세계**

많은 현상학자에게 현상학의 과제는 경험적이고 사실적인 특수성을 기술하는 것이 아니라 우리의 경험을 특징짓는 본질적 구조, 이 경험과 구조의 상관관계, 이 둘의 연관성을 탐구하는 것이다. 철학자로서 우리는 일차적으로 우연한 특징과 우연한 속성에 관심을 두지 않으며, 필연적이고 불변적인 것에 관심을 둔다. 우리는 다임(dime)과 페니(penny)에 대한 지각의 차이 또는 적포도주와 백포도주에 대한 욕망의 차이에는 관심을 두지 않는다. 오히려 우리의 관심사는 지각이나 욕망 일반을 특징짓는 것과 관련한다. 다임에 대한 지각과 페니에 대한 지각은 어떤 점에서 다르지만 그것들은 공통적인 어떤 것, 즉 그 둘 모두 상상이나 기억의 작용보다는 지각의 작용을 형성한다는 특징을 가지며, 이 특징들은 우리의 분석에서 밝혀야 할 목표가 된다. 하지만 어떻게? 어떻게 해야 주어진 영역의 본질적 구조에 대한 통찰력을 얻을 수 있을까?

답을 제시하기 전에, 우연적이고 우발적인 특징을 더 본질적이고 필수적인 것으로부터 구별해내는 우리의 능력이 철학과 과학의 중심일 뿐만 아니라 우리가 일상생활에서 끊임없이, 그리고 문제없이 채택하는 능력이라는 것을 강조하고자 한다. 예를 들어 새 칫솔을 사는 일을 생각해보자. 약국에 서서 앞에 놓인 다양한 칫솔을 볼 때, 우리는 그것들을 색깔과 크기가 다소 다르더라도 다른 유형에 속하는 칫솔들로 즉각 인식한다. 우리는 칫솔의 칫솔됨에 있어 색의 변경을 우연적인 것으로 본다. 마찬가지로 특정한 책을 찾을 때, 누군가가 그 책을 옮겨놓았다고 해도 나는 그것을 다시 식별하는 데 별다른 문제를 겪지 않는다. 그 책은 지금 이전과는 다른 공간의 다른 지점에 있고 나는 그 책의 공간적 위치가 책의 동일성에 있어 우연적인 것임을, 그리고 그것이 단순히 움직이는 것만으로는 책의 본성을 변화시키지 않는다는 것을 직접적으로 인식한다.

본질주의

후설이 본질적 구조를 찾음에 있어 사용한 도구 중 하나가 형상적 변경 (eidetic variation)이다. 그 기본적인 생각은 우리에게 주어진 것에서부터 우리의 출발점이 설정되고, 그다음으로 우리가 우리의 상상을 사용한다는 것이다. 우리가 탐구하고 있는 것을 변경함으로써, 그것이 실제로 있는 방식과 다르게 있음을 상상함으로써, 우리는 그것의 우연적 속성을 서서히 벗겨낼 수 있고, 따라서 탐구의 대상 없이는 변화될 수 없는 어떤 속성이나 특징에 도달하게 되면, 그 결과 그것은 곧 존재하는 일종의 대상이 되기에 이른다. 만일 우리가 책을 다시 고찰한다면, 나는 책 표지의 색과 디자인을 바꿀 수 있다. 그리고 나는 페이지 수를 추가하거나 뺄 수도 있고, 크기와 무게 등을 바꿀 수도 있다. 이런 실행을 하면서 나는 책에 대한 나의 이전의 경험과 상상력에 의존한다. 최종 결과는 책에 속하는 특정 속성의 집합을 제한하는 것이며, 그것이 변경되면 책은 그 책이 되기를 멈추게 된다. 상상적 변경은 결과적으로 대상의 본질을 이루는 불변하는 구조를 드러내는 데 도움을 줄 수 있다.[1]

비록 후설이 때로 문제시되는 과정을 일종의 형상적 직관 내지 본질직관(Wesensschau)에 기인한 것으로 이야기하지만, 그의 주장을 오해하지 않는 것이 중요하다. 무엇보다도 후설은 현상학자들이 신비롭고 오류가 없는 통찰을 얻을 수 있는 어떤 원천에 접근할 수 있다고 제안하지 않는다. 형상적 변경은 일종의 상상으로 유도되거나 상상의 도움을 받는 개념적 분석으로 볼 수 있으며, 대체할 수 없는 경험적 작업 또는 실험적 작업과는 상당히 다른 목적을 가진다. 그것은 까다롭고 개방적인 과정이며, 그 결과의 대부분은 파기할 수 있다. 간단히 말해 여기에 무오류성에 관한 주장은 없다. 오히려 그 통찰은 항상 어떤 잠정성과 추정성을 지니고 있으며, 새로운 명증성에 비추어 미래에 변형될 가능성을 열어 놓고 있다.[2] 두 번째로 후설은 때때로 그가 정밀한 본질과 형태론적 본질이라고 부른 것을 구별한다.[3] 순수 수학과 여타 정밀과학에서 우리는 문제를 매우 정확하게 정의할 수 있는 반면, 인문학과 사회과학을 따라 연구된 대부분의 존재자는 본질적인 모호함으로 특징지어지며 형태론적 본질들을 가지고 있는데, 이러한 존재자들에 대한 우리의 분류와 기술은 본질상 근사치적이다. 우리가 기하학에서 발견하는 것과 같은 정확성과 정밀성을 생활세계의 질료로 부과하려는 것은 후자에게 폭력을 가하는 것이다.

---

1 Husserl 1977, pp. 53~65.
2 중요한 사례로서 디지털 책의 발명이 책으로 간주되어 개정된 책 개념을 이끌어낸 점을 고려해보라.
3 Husserl 1982, pp. 164~67.

마지막으로 현상학의 과제에 관해 후설은, 그것이 말하자면 결혼, 선거, 클라리넷 또는 참나무의 본질적 구조를 드러내는 것과는 무관하다고 보았다. 오히려 후설은 훨씬 더 높은 수준의 일반성을 향하는, 훨씬 더 근본적인 주제를 추구하고 있었다. 생활세계, 지향성, 체화, 시간성의 일반 구조는 무엇인가? 무엇이 지각과 상상을 구별하는가? 물리적 대상 자체는 무엇으로 특징지어지며, 그것은 수학적 존재자나 심리학적 과정과 어떻게 구별되는가?

불변하는 보편적 구조의 존재에 대한 후설의 헌신을 두 가지 대안적이고 매우 상반되는 견해와 구별하는 것이 도움이 될 수 있을 것이다. 한편으로 후설의 본질주의 유형은 인종, 민족, 성별 등이 고정되고 내재적이면서 비역사적인 규정들이라고 하는 본질주의, 곧 인종 연구, 탈식민지 연구, 페미니즘을 연구하는 많은 학자가 비판하는 그런 종류의 (사회적-생물학적) 본질주의와 혼동되지 말아야 한다. 그런 견해는 아버지, 덴마크 사람 또는 유대인은 항상 공통으로 나타나는 어떤 고정되고 불변하는 속성들을 소유하고 있다고 말한다. 이와는 대조적으로, 우리가 다음 장에서도 볼 수 있듯이, 후설은 이러한 관념들이 얼마나 많은 역사적·문화적 변화를 겪게 되는지를 잘 알고 있었다.

반면, 후설의 견해는 또한 몇몇 사회 구성주의자들이 제기한 상대주의와도 대조되어야만 한다. 예를 들어 이보나 링컨(Yvonna Lincoln)과 에곤 구바(Egon Guba)는 『구성주의의 신조』(*The Constructivist Credo*)라는 책에서 상대주의가 구성주의의 기초적인 존재론적 전제이고 객관성은 망상이며, 인문학이 연구한 존재자는 순수하게 관습적이고 그것들을 관조하는 사람들의 정신 속에만 존재하기 때문에 '현실적으로' 존재하지 않는다는 주장을 펼친다.[4]

이와 같은 견해와 후설 및 다른 현상학자들이 지지하는 견해(들) 사이의 결정적인 차이를 놓치는 것은 중대한 오류가 될 것이다.

어떤 형태의 본질주의가 과학과 철학(의 역사) 둘 다에 얼마나 널리 퍼졌는지를 참작할 때, 현상학적 철학의 특유한 본질적 구조에 대한 언급은 고려하지 않는 것이 중요하다. 형상적 변경을 초월적 환원과 동일시해 둘을 짝지어서는 안 된다. 사실, 초월적 환원을 희생하면서 형상적 변경을 우선시하는 것은 어처구니없는 큰 실수가 될 것이다.

우리는 이전 장에서 현상학자들이 어떻게 스스로 사태 자체로 전회하려 하는지를 보았다. 이 슬로건은 우리의 탐구가 비판적이고 독단적이지 않아야 하며 형이상학적 사변을 멀리해야 한다는 것을 나타낸다. 우리의 탐구는 우리가 기대했던 것과 우리의 이론적인 헌신에 의해서가 아니라 실제로 주어진 것의 인도를 받아야 한다. 우리의 방법은 특정한 과학적 이상에 대한 존경보다는 당면한 주제의 지시를 받아야 한다. 하이데거가 『형이상학이란 무엇인가』에서 말한 것처럼 학적 엄밀성과 수학적 정확성을 동일시하는 것은 오류다.[5] 우리는 수학적 정밀성으로 분석될 수 없는 어떤 영역이 가치가 없다거나 그다지 실재적이지 않다고 단순하게 가정하지 말아야 한다.

비슷한 생각들이 후설에게서도 발견될 수 있는데, 그는 『형식논리학과 초월논리학』이라는 저작에서 정밀과학의 방법론과 이상에 스스로 현혹되는 위험에 대해 경고한다. 여기서 위험이란 마치 그것들을 참되고 실재적인 것으로 간주해 절대적인 규범들을 구성하는 것처럼 여기는 것을 말

4 Lincoln & Guba 2013, pp. 39~41.
5 Heidegger 1993a, p. 94.

한다.[6] 미리 규정된 이론이 우리가 경험할 수 있는 것을 결정하게 하기보다는 우리의 이론이 경험 대상의 인도를 받도록 해야 한다. 우리는 현상들이 다음과 같이 말할 수 있도록 해야 한다.

참된 방법은 탐구되어야 하는 사태들의 본성을 따르는 것이지 우리의 편견과 선입견을 따르는 것이 아니다.[7]

꼭 필요한 것은 자신의 눈으로 본 주장이 아니라 보아온 것을 편견의 압력 아래 설명하지 않는 것이다.[8]

후설이 지적했듯이, 과학자들은 시장의 상인들보다 더 정확한 측정치를 도입할 수 있지만 이 정확성도 역시 그 나름의 한계가 있다. 실제로 그것은 거래상에게는 별로 쓸모가 없다. 당신이 오렌지 1킬로그램을 팔기를 원한다는 것이 그 무게를 마이크로그램으로 재기를 원한다는 말은 아니고 그렇게 잴 필요도 없다. 충분하고 적정하며 정확한 것은 구체적인 맥락에 따라 달라지며 절대적 항목으로 정의될 수 있는 것이 아니다.[9]

하지만 이 준칙들은 논란의 여지가 없는 사소한 것들이 아닌가? 그렇지는 않다. 현상학적 관점에서 실재는 복잡하고 다양한 존재론적 영역(이념성의 영역, 자연의 영역, 문화의 영역 등)으로 구성되어 있다. 이러한 분

---

6 Husserl 1969, p. 278.
7 Husserl 1965, p. 102.
8 Husserl 1965, p. 147.
9 Husserl 1969, p. 278.

야 또는 영역에 관한 모든 탐구는 해당 영역의 특수성과 판명한 특징들을 존중해야 하며, 해당 영역에 적정한 방법을 사용해야 한다.[10] 그 결과 현상학은 환원주의(reductionism), 제거주의(eliminativism), 자연주의(naturalism)를 포함한 부분적으로 중첩된 서로 다른 다양한 입장에 대해 거침없이 비판해왔다.

환원 또는 제거

과학적 환원주의는 다음과 같이 오컴의 면도날(Ockham's razor)로 알려진 것을 포함한 다양한 방법론적 원리로 인해 그 동기를 부여받게 된다. 엄밀하게 필요한 것 그 이상으로 많은 대상 유형의 현존(또는 존재론적 영역)을 가정하지 말라. 만일 우리가 실재의 (명백하게) 환원 불가능한 부분을 다루는 여러 이론과 더 복잡한 부분을 덜 복잡한 부분으로 환원함으로써 실재의 다른 부분들을 체계적으로 설명할 수 있는 이론 중 하나를 선택해야 한다면, 후자를 선택해야 한다. 이는 통일성과 체계성, 단순성의 증가가 이론적으로 충족되기 때문만이 아니라 문제시되는 환원이 설명력을 갖게 되기 때문이다. 일정 범위의 속성을 또 다른 범위의 속성으로 환원할 수 있다면 후자에 의해 전자가 설명될 수 있다. 고전적인 예로 대상의 온도, 투명성, 용해성, 탄성 등과 같은 대상의 거시적 속성을 그것들의 분자 구성과 같은 미시적 속성에 준거해 설명하려는 시도가 있다. 결과적으로 일반적인 가정은 'x란 무엇인가?'라는 질문에 대한 답을 얻고자 한다면, 그 질문은 'x가 어떻게 물리학, 화학, 신경생리학 등으로 이해될 수

---

10 Heidegger 1998, p. 41.

있는 어떤 것으로 환원될 수 있을까?'라는 물음으로 재조정되어야 한다는 것이다. 또한 그러한 답을 줄 수 없는 한, 고찰 중인 현상이 환원될 수 없는 한에서 그것은 실재일 수 없다는 것이다. 이 견해의 정식을 제리 포더에게서 찾을 수 있다. "어느 정도 또는 다른 어떤 수준까지 환원주의자가 되지 않고 지향성에 관한 실재론자가 될 수 있는 길을 …… 보기란 어려운 일이다. …… 만일 근사치가 실재라면, 그것은 실질적으로 다른 어떤 것이어야만 한다."[11] 그 가정은 결과적으로 의식에 대한 환원적 설명만이 의식의 본질에 대한 진정한 통찰을 제공할 수 있고, 그러한 환원적 설명이 가능해야만 의식이 실재적인 것이 될 것이라고 본다.

　제거주의자는 환원주의자와 여러 큰 우려를 함께 공유한다. 자연과학의 방법과 원리를 이용해 설명할 수 있는 것만이 실재로 간주된다. 그러나 환원주의자와는 대조적으로 제거주의자는 의식이 이른바 신경생리학적 과정으로 환원될 수는 없다고 주장한다. 그런 관점에서는, 이런 환원을 수행하는 것은 가능한 일이 아니다. 그러나 이때 자연스러운 결론이 될 수 있는 것을 끌어내기보다, 즉 의식은 환원 불가능하다는 결론을 끌어내기보다 다른 결론, 즉 의식은 존재하지 않는다는 결론을 도출해낸다. 제거주의적 유물론자에게는 '욕망, 두려움, 감각, 기쁨, 고통 등'의 어떤 것이 존재한다는 우리의 믿음은[12] 원초적인 심리학적 이론이 구성해낸 이론적 가정에 불과하다. 이 원초적 이론은 현대 과학의 기준에 부합하지 않으며, 믿을 만한 심리학 이론도 아니며, 따라서 과거에 연금술과 혈통학을 거부했듯이 거부되어야 한다. 요컨대, 의식을 존중할 만한 자연적

11　Fodor 1987, p. 97.
12　Churchland 1988, p. 44.

속성으로 환원하는 것이 불가능한 이유는 의식이 존재하지 않기 때문이다. 곧 의식은 실재하는 것이 아니라 유니콘 및 설인(雪人)과 동등한 수준의 허구다.

과학적 자연주의는 존재론적 약속만이 아니라 방법론적 약속으로 구별된다. 방법론적 약속은 올바른 절차와 유형의 정당화가 자연과학에서 발견되고 도입된 것이라는 생각에 해당한다. 모든 참된 물음은 자연과학적 물음이고, 모든 참된 지식은 자연과학적 수단에 의해 얻어진 객관적 지식이다. 후설이 이러한 경향의 초창기 전형이라고 본 갈릴레오 갈릴레이의 말을 인용해보자.

철학은 우리의 시선에 끊임없이 열려 있는 이 거대한 책, 곧 우주에 쓰여 있다. 그러나 그 언어를 처음 이해하고 그 언어로 이루어진 문자를 읽는 법을 배우지 않는 한 그 책은 이해될 수 없다. 그것은 수학의 언어로 쓰여 있고 그것의 문자는 삼각형과 원, 그리고 그 밖의 기하학적 형상인데, 그것 없이는 단 한마디도 이해할 수 없다. 이것들 없이는, 한 사람은 어두운 미로 속을 헤매고 다니게 된다.[13]

역사적으로 볼 때 이것은 어떤 존재론적 약속과 짝을 이루어왔다. 그 약속에 의하면, 실재는 자연과학에 의해 수용된(또는 수용될 수 있는) 존재자들, 속성들, 구조들만으로 구성된다. 처음에 그 주장은 대상의 형태, 크기, 무게, 즉 수학적 정밀도로 정량적으로 기술될 수 있는 특징들이 객관적 속성으로 여겨지는 반면, 대상의 색과 맛, 냄새는 어떤 마음-독립적

---

13 Galileo 1957, pp. 237~38.

인 실재성이 결여된 주관적 현상이라고 했다. 이러한 제1성질과 제2성질에 대한 고전적 구분은 수년 동안 철저화되었고, 결국 대상성이 결여된 것은 단순히 나타나는 대상의 어떤 성질이 아니라 나타나는 모든 것이라는 생각을 가지게 만들었다. 경험의 전체 세계는 주관적인 구성물로서 숨겨진 물리적 원인에 대한 가상적 묘사(illusory depiction)다. 과학이 실재의 본질을 밝히려면 결과적으로 현상학적으로 주어진 모든 것을 뛰어넘어야 한다. 우리가 살고 있는 세계, 경험에서 친숙한 세계는 과학의 세계와는 상당히 다르며 후자만이 실재라고 할 만하다.

공통적으로 이 두 가지 약속은, 모든 진리는 자연과학적 진리라는 견해에 해당하며, (의식, 지향성, 의미, 합리성, 규범성, 가치, 문화, 역사 등 인간의 삶과 관련된 모든 것을 포함한) 존재하는 모든 것은 자연과학의 방법을 따라 연구되어야 하며, 궁극적으로 그것들은 설명적으로나 존재론적으로 자연과학의 사실들로 환원될 수 있다.

우리가 근본적인 입장을 다루고 있다는 것이 명백해져야 한다. '환원 또는 제거'라는 공유된 슬로건이 참이라면, 사회학과 인문학에서 발견되는 많은 설명은 실질적인 과학적 가치를 가지지 못하는 유사-설명일 것이다. 게다가 사회학과 인문학이 탐구하는 많은 대상과 현상의 실재성은 의심스러운 것이 될 것이다. 돈, 우표, 교향곡, 시 선거, 내전과 같은 현상을 고려해보자. 신경생리학, 생물학, 물리학의 원리를 수단으로 삼아 정치, 문화, 사회, 경제 현상으로서의 시리아 내전을 어떻게 적절히 설명할 수 있을지 알 수 없다. 그러나 그 슬로건이 참이라면, 엄밀히 말해 시리아에서 내전이 일어난 적이 없다는 결론을 내려야 할 것이다. 그런데 이것은 터무니없는 소리가 아니다. 이런 식의 결론은 그 슬로건의 극단적인 불합리함(reductio ad absurdum)을 우리에게 제시하지 않는가?

생활세계

과학의 세계의 지위를 반성하는 과정에서 현상학자들은 종종 생활세계 (lifeworld)의 중요성을 강조해왔다. 그런데 생활세계란, 그리고 그것이 복원되어야 한다고 주장하는 것은 무엇을 의미하는가? 생활세계는, 놀랄 것도 없이, 우리가 사는 세계다. 우리가 일상생활에서 당연시 여기는 그 세계이고, 우리 모두가 알고 있는 전(前)이론적인 경험세계이며, 이는 우리가 일반적으로 의심하지 않는 것이다. 왜 복원이 필요한가? 왜냐하면 생활세계는 역사적이고 체계적인 토대를 구성하는 과학에 의해 망각되고 억압되어왔기 때문이다. 심지어 가장 정밀하고 추상적인 과학 이론들조차도 생활세계에 대한 선(先)과학적 증거를 끌어온다. 객관적 지식을 추구하면서 과학은 신체적·감각적·실용적 경험을 초월하고 뛰어넘을 수 있는 능력을 미덕으로 삼았지만, 그 같은 경험에 의해 가능해지는 것이 어느 정도까지인지를 빈번하게 간과했다. 결국 "물리학자가 물리학의 방법을 따라 탐구하고 과학적으로 규정하는"[14] 것은, 매일 지각되는 대상 이외의 다른 것이 아니다. 자연과학자도 탐구하고 있는 것, 동시에 가능한 한 정확하고 객관적인 방식으로 규정하려고 하는 참된 자연은 내가 하늘에서 관찰하는 행성체, 내가 마시는 물, 내가 존경하는 꽃 등이다. 그러나 과학적 탐구의 대상이 일상의 실천과는 거리가 먼 경우에도, 실험을 계획하고 설정할 때, 측정기를 읽을 때, 그 결과를 다른 과학자들과 해석하고 비교하고 토론할 때, 공유된 생활세계는 여전히 활동 중에 있다. 비록 정밀성과 추상성의 과학 이론들이 구체적이고 직관적으로 주어진 생활세계

14　Husserl 1982, p. 119.

를 대체하지만, 생활세계는 지속적으로 과학이 참조해야 할 원천으로 남는다.

생활세계와 과학세계의 관계를 정적인 관계로 상상하는 것은 잘못된 일일 것이다. 과학은 생활세계를 끌어오지만 생활세계에 영향을 끼치고, 점차 그 이론적 통찰력이 후자에 의해 흡수되고 후자로 통합된다. 슈트라서는 생활세계를 비옥한 토양에 비교했다. 토양이 풍요로운 성장에 자양분을 제공할 수 있듯이, 생활세계는 이론적 지식에 자양분을 제공할 수 있다. 그리고 토양의 물리적·화학적 성질이 그것이 허용하는 식물의 성장에 의해 변형되는 것처럼 생활세계는 토대를 구성하는 이론적 이론에 의해 변형되고 변화된다.[15]

현상학자들이 생활세계의 의미를 강조할 때, 이것은 과학에 대한 비판으로 의도된 것이 아니다. 현상학은 과학의 가치를 논박하기 위한 것이 아니며, 과학적 탐구가 새로운 통찰로 이어질 수 있고 현실에 대한 우리의 이해를 넓힐 수 있음을 부정하지 않는다. 그러나 현상학자들은 자연과학이 현실에 대한 철저한 설명을 제공할 수 있다는 생각을 거부한다. 중요한 것은 이것이 현상학이 양적 방법과 연구에 반대한다는 견해를 수반하지 않는다는 것이다. 후자는 훌륭하지만 양적인 질문을 던지는 그때만 훌륭하다. 현상학에서 어떤 것이 참인가 아닌가 하는 문제는 그것이 프로크루스테스의 양화 가능한 과학 침대를 형성할 수 있는지에 달려 있지 않다. 우리의 경험 세계는 그 나름의 타당성과 진리의 기준을 가지고 있으며, 과학의 승인을 기다릴 필요가 없다. 사실, 과학의 발견과 일상 경험은 서로 모순될 필요가 없다. 그것들 둘 다 각자의 기준에 따라 참일

15 Strasser 1963, p. 71.

수 있다. 조금 더 일반적으로 말해 과학의 세계와 경험의 세계의 차이는 현상학자들에게는 그 자체로 우리와 세계의 차이가 아니라 세계가 나타나는 두 가지 방식의 차이다. 과학의 세계는 자율적인 세계가 아니며, 현시되는 세계의 배후나 기저에 있는 세계가 아니다. 오히려 과학을 연구하는 세계는 일상적인 경험의 세계와 같은 세계, 즉 현시되는 현실이다. 그러나 지금 우리는 과학적 용어로 연구하고 탐구한다. 지각에서든 일상적 관심에서든 또는 과학적인 분석에서든 간에, 우리에게 나타날 수 있는 세계는 오직 현실의 세계다. 이 세계에 더해 모든 나타남과 모든 경험적·이론적 증거를 초월하는 배후의 세계가 존재한다고 주장하는 것, 그리고 이 세계를 참된 실재와 동일시하는 것은 모든 현상학자가 거부하는 움직임이다. 실질적으로 참된 실재를 우리 경험의 알 수 없는 원인으로 정의하는 것, 말하자면 지각의 대상이 알 수 없는 채로 남아 있는, 그리고 결코 파악될 수 없는 판명한 숨겨진 대상의 순전한 기호에 불과하다는 생각은 그 자체로 후설에게는 일개 신화화에 지나지 않는다.[16] 객관적 실재성을 거기에 그 자체로 존재하는 것으로 정의하기보다, 사태들이 우리에게 어떻게 존재하는가라는 문제를 사태들이 단순화되는 방식으로부터 구별해내기보다, 후자의 탐구가 참으로 중요한 것이라고 주장하기 위해 우리는 객관성이 주관성과 상호주관성을 모두 포함하는 성취라는 사실에 직면해야 한다. 실제로 객관성과 대립하는 것이 되기보다, 과학적 지식에 대한 방해물과 그런 지식을 저해하는 것을 구성하기보다, (상호)주관성은 후설에게 필연적인 가능 조건이다. 후설은 객관성과 실재성에 대한 이런 세계 내부적 개념을 받아들임으로써 세계가 우리에게 나타나는 방식은

16 Husserl 1982, p. 122.

실재 세계와 완전히 다른 것으로 양립할 수 있게 된다고 주장하는 종류의 회의론을 일축해버린다. 실제로 후설에게 객관성은 정확히 마음-독립적인 것으로 정의되는 것이 아니라 마음의 공동성과 관련해 정의된다. 객관성은 상호주관적 과정의 결과다. 이는 우리가 탐구의 말미에 이르렀을 때 동의할 수 있는 부분이다.

자연과학이 인식하는 존재자들과 사실들만이 객관적으로 실재할 수 있다는 주장은 일반적으로 실재성과 객관성이 정확히 무엇에 해당하는가에 대한 철학적 물음을 제대로 다루고 그 물음에 관여하는 데 실패할 뿐이다. 또한 그것은 우선 자연주의를 가능하게 하는 경험적이고 인식적인 성취를 충분히 설명해내지 못한다는 점에서 스스로의 기반을 약하게 만드는 기획이기도 하다.

과학은 종종 현실을 객관적으로 설명하기 위한 시도로서, 즉 3인칭 관점에서 자신을 제시한다. 객관성을 찾는 것은 물론 칭찬할 만한 일이지만 어떤 객관성, 어떤 설명, 어떤 이해, 그리고 어떤 이론적 모형화라는 것은 1인칭 관점을 전제조건으로 삼는다는 것을 잊지 말아야 한다. 그만큼 과학이 모든 이론적·경험적 관점으로부터 해방되어 실재에 대한 절대적 설명을 전달할 수 있다는 생각은 가상과도 같다. 과학은 세계와의 판명한 관계, 즉 자연적 태도의 특수한 이론적 변형이다. 이 이론적 태도는 하늘에서 떨어진 것이 아니라 나름대로 전제와 기원을 가지고 있다. 그것은 전통이고 문화적 형성이다. 경험하는 주체들의 공동체가 공유하고, 견해나 관점의 삼각측량을 전제로 하는 것이 지식이다. 1인칭 대(對) 3인칭의 통상적 대립이 오해의 소지가 있는 것도 이 때문이다. 3인칭적인 과학적 설명은 의식 주체들의 공동체에 의해 성취되고 발생된다는 점을 망각하게 한다. 무(無)의 지반에서 무언가를 보지는 못하는 것처럼 순수한

3인칭 관점은 없다. 이것은 물론 3인칭 관점이 없다고 말하는 것이 아니라 그런 관점은 단지 어떤 장소에서부터 일어나는 관점일 뿐이라는 것이다. 그것은 우리가 세계에 대해 채택할 수 있는 한 가지 견해다. 과학은 생활세계에 그 뿌리를 두고 있으며, 선과학적 영역에서 통찰을 끌어내고, 체화되고 내재된 주체들로부터 수행된다. 만일 우리가 과학의 성과와 한계를 이해하기를 원한다면, 우리는 인식하는 주체들에 의해 도입된 지향성의 형태들을 탐구해야 한다. 그것들을 해석하고 논의하는 의식적 주체가 없다면, 미터기 설정, 컴퓨터 출력물, 엑스레이 사진 등은 무의미한 것으로 남아 있을 뿐이다.[17] 따라서 이러한 관점을 따르자면, 의식은 그러한 방해물이나 장애물이 되기보다는, 말하자면 현미경이나 망원경보다도 더 과학적 지식 추구를 위해 필요한 요건, 객관성을 위한 필수조건으로 판명된다. 현상학의 목적은 인간 존재에 대한 경쟁적인 과학적 설명을 배제하는 것이 아니라 인식하는 주체(들)가 도입하는 지향성의 종류에 대한 상세한 분석을 통해 우리의 과학적 실천, 그 실천의 합리성과 성취도를 명확히 하는 것이다. 우리가 과학을 수행할 때 채택하는 이론적 태도는 우리의 전(前)이론적 세계-내-존재를 어떤 식으로 일으키고 어떻게 변화시키는가?

더 읽을 거리

- Eran Dorfman, "History of the lifeworld: from Husserl to Merleau-Ponty", *Philosophy Today* 53/3, 2009, pp. 294~303.

---

17   Husserl 2000, p. 179.

- Robert Hanna, "Husserl's crisis and our crisis", *International Journal of Philosophical Studies* 22/5, 2014, pp. 752~70.
- Klaus Held, "Husserl's Phenomenology of the Life-World", In D. Welton (ed.), *The New Husserl: A Critical Reader*, Bloomington, IN: Indiana University Press, 2003, pp. 32~62.
- Tom Nenon, "Husserl and Heidegger on the Social Dimensions of the Life-World", In L. Učník, I. Chvatík, and A. Williams (eds.), *The Phenomenological Critique of Mathematisation and the Question of Responsibility*, Heidelberg: Springer, 2015, pp. 175~84.

제5장 더 깊이 파고들기:
표층 현상학에서 심층 현상학으로

현상학의 발전을 평가하는 한 가지 방법은 그것을 후설의 초기 저작에서 우리가 취했던 기본적인 현상학적 분석의 지속적인 확대와 심화, 복잡화로 이해하는 것이다. 후설 자신은 결국 그가 처음에 진행했던 종류의 현상학에 정적 현상학(static phenomenology)이라는 이름을 붙이게 되었다. 우리가 지각의 지향성과 지각과 상상의 관계에 관한 초창기 일부 형성적 분석을 고려한다면, 우리는 그 분석들이 탐구하는 것이 모두 발생이나 역사성이 아니라 지향적 상관관계라는 것을 보게 된다. 대상의 유형과 지향적 작용의 유형은 모두 손쉽게 활용 가능한 것으로 고찰되었다. 그러나 이후 후설은 지향성의 주체가 단순히 형식적인 구성 원리가 아니라는 것을 깨닫는 데 이르렀다. 그가 말한 것처럼 주체는 "동일성의 죽은 축"[1]이 아닌데, 이는 대상의 차원에서도 마찬가지다. 후설은 어떻게 이해의 형태가 점진적으로 수립되는지, 그것이 어떻게 뒤따르는 경험에

---

1 Husserl 1977, p. 159.

영향을 끼치고 그 경험을 가능하게 하는지를 검토했다. 침전의 과정을 통해 우리의 경험은 그 흔적을 우리에게 남기고, 그에 따라 이어지는 경험을 인도하고 동기를 부여하는 다양한 형태의 파악과 기대의 형성에 이바지한다. 특정한 유형의 지향성(이를테면 선-언어적 경험)은 나중에 더 복잡한 유형의 지향성(이를테면 개념적 판단)을 좌우하고 결국 후설은 그가 발생적 현상학(genetic phenomenology)이라고 부르는 것, 곧 이러한 다른 형태의 지향성의 시간적 생성을 검토하고, 더 높은 질서의 대상성의 형태에서 더 낮은 질서의 대상성의 형태를 추적해 들어가는 일과 관련한 과제를 수립한다.[2] 그러나 발생적 현상학의 범위는 개별적 자아의 경험적 삶으로 제한된다. 그의 사유의 마지막 단계에서 후설은 이른바 세대간 현상학(generative phenomenology)이라 불리는 것을 모험적으로 시도했다.[3] 전통과 역사의 구성적 역할을 탐구하기 위해 초점이 확대되었다. 우리의 개별 경험에 있어 이전 세대의 성취는 어떤 방식으로 작용하는가? 후설이 1920년대부터 자기 원고에 반영했던 것처럼 "나 자신의 모든 것은 부분적으로 나의 조상의 전통을 통해, 부분적으로는 동시대 사람들의 전통을 통해 성립된다".[4]

세대성과 전통

후설 자신의 글에서 이러한 발전을 추적하는 한 가지 방법은 체화와 시

---

2 Husserl 2001a, p. 634.
3 Steinbock 1995.
4 Husserl 1973a, p. 223.

간성, 그리고 사회성에 관한 주제들이 어떻게 얽혀 있는가를 집중적으로 살펴보는 것이다. 우리가 이미 보았듯이, 후설은 신체가 본질상 공간적인 대상들에 대한 지각과 그 상호작용에 관여한다고 주장했다. 그에게 세계는 신체적으로 탐사된 대로 우리에게 주어지고, 신체는 그 세계에 대한 탐사 가운데서 우리에게 드러난다. 이미 초기에 후설은 또한 시간성의 중요성을 깨닫고 있었고, 지향 작용과 지향적 대상의 시간적 차원을 무시하는 한에서 이루어진 지향성에 대한 탐구는 불완전한 채로 남아 있을 것이라는 견해를 피력했다. 게다가 후설은 포괄적이고 체계적인 방식으로 상호주관성 개념을 채택하고 논의한 최초의 철학자 중 한 명이었다. 그는 30년 넘게 공감에 관해 탐구했고, 결국 현상학이 '자아론적 현상학'에서 '사회학적 현상학'으로 발전해야만 한다고 선언하게 된다.[5]

후설의 마지막 글에서는 체화와 상호주관성, 그리고 시간성에 대한 주제들이 함께 소개되고 사고된다. 또한 상호주관성에는 통시적 차원이 있다. 궁극적으로 후설은 구성적 함축을 두기 위해 주체의 탄생을 살아 있는 전통과 관련해 고찰할 것이다. 그 고찰은 타자들에 대한 관여가 스며든 세계에 내가 사는 경우, 그리고 타자들이 이미 의미를 부여한 세계에 내가 사는 경우, 또는 내가 전통적으로 전해 내려오는 언어적 관습을 통해 세계(와 나 자신)를 이해하는 경우로만 국한되지 않는다. 세계가 나에 대해 갖는 의미 자체는 그 기원이 내 바깥에 있다는 것, 역사적 과거 속에 있다는 것을 뜻한다. 후설이 『위기』에서 써둔 것처럼 "역사적 발전의 단일한 흐름"에 — 탄생과 죽음의 세대적 망에 — 내재해 있는 것은 시간

---

5   Husserl 1981, p. 68.

적 형태와 마찬가지로 나에게 불가분하게 속해 있다.[6]

후설이 그의 초월적 분석에서 체화와 역사성, 그리고 상호주관성 같은 주제들을 포함하는 데 이르렀다는 사실은 메를로-퐁티가 『지각의 현상학』 서문에서 다음과 같이 말한 이유 가운데 하나를 보여준다. "후설의 초월은 칸트적 의미의 초월이 아니다."[7]

자기와 타인, 그리고 세계 사이의 얽힘에 대한 후기 후설의 사유는 또한 일찍부터 하이데거와 메를로-퐁티가 추구했던 것인데, 마찬가지로 그들은 자기와 세계, 그리고 타자들이 함께 소속되어 있다고 주장한다. 그것들은 서로를 상호적으로 조명하고, 또한 그것들의 상호연결성 안에서 함께 이해될 수 있다. 하이데거는 초기 강의에서 생활세계를 주위세계(surrounding world), 더불어 있는 세계(with-world), 그리고 자기-세계(self-world)라는 세 영역에 대한 해석으로 기술하고,[8] 세계를 경험하는 이로서의 현존재는 언제나 이미 타자들과 함께 있는 존재(Mitsein)임을 논증한다. 1927년 후반기 강의에서 언급한 바와 같이 말이다.

현존재는 우선 사물들 가운데 순전히 거주하다가, 그런 다음 때때로 이 사물들 가운데서 자기의 고유한 존재양식을 가진 존재자들을 발견하는 그런 자가 아니다. 오히려 현존재는 자기 자신이 문제가 되는 그런 존재로서, 현존재는 세계 내부의 존재자 가운데 있는 존재이자 이와 동근원적으로 타자들과 함께 있는 존재다.[9]

6 Husserl 1970, p. 253.
7 Merleau-Ponty 2012, p. lxxvii.
8 Heidegger 1993b, pp. 33, 39, 62.
9 Heidegger 1982, p. 297.

메를로-퐁티에 관해 말하자면, 그는 주체성이 본질적으로 주체 아닌 것을 향해 있으면서, 또한 그것을 향해 열려 있고, 바로 이 열림 속에서 자신을 그 자체로 드러낸다고 주장한다. 현상학적 반성을 따라 드러나는 것은 결과적으로 스스로 폐쇄된 정신이 아니며, 순수한 내재적 자기-현전이 아니다. 그것은 타자성을 향한 개방성, 외재화의 운동이자 지각적 자기-초월이다. 우리가 우리 자신에게 현전한다는 것은 세계에 현전함을 통해서이며, 우리가 세계를 의식할 수 있는 것은 우리 자신에게 주어진 것을 통해서다.[10] 메를로-퐁티는 결과적으로 접근 불가능하고 자기-충족적일 수 있는 주체성을 열어 밝히기보다 현상학적 기술이 상호주관적 삶과 세계 사이의 연속성을 드러낸다고 주장한다. 주체는 자기 자신과 세계, 그리고 타자들에게 그 신체성과 역사성에도 불구하고 현전하는 것이 아니라 바로 그것들을 통해 현전한다.[11] 메를로-퐁티가 온전히 깨달은 것처럼 이러한 자기와 타자들, 그리고 세계의 얽힘이라는 개념은 초월철학의 개념 자체에 영향을 끼친다.

경험적인 것과 초월적인 것의 경계들은 얼마나 모호해지는가? 왜냐하면 타인과 관련해 타인이 나를 본다고 할 때, 그것은 주체성으로 재통합되는 또는 적어도 주체성의 정의로부터 떼어낼 수 없는 한 요소로 자리매김하고 있는 나의 모든 현사실성만을 보기 때문이다. 따라서 초월적인 것은 역사 속으로 내려온다. 또는 우리가 말하고자 하는 바, 역사적인 것은 더는 절대적으로 자율적인 둘 내지 여러 주체들과의 외적

---

10 Merleau-Ponty 2012, pp. 311, 396, 448.
11 Merleau-Ponty 2012, p. 478.

관계가 아닌 하나의 내부를 가지며, 또한 그것은 자신의 고유한 정의를 가진다. 이는 단지 각각의 자기에 대해서만이 아니라 자신을 주체로 아는 타자에 대해서도 그러하다.[12]

메를로-퐁티와 하이데거의 현상학적 작업은 후설의 작업과 어떻게 분기되는가? 그 차이를 파악하는 한 가지 방법은, 그 둘을 후설보다 더 근본적인 방식으로 이미 후설 안에서 발견되는 생각들을 추구한 이로 보는 것이다.

메를로-퐁티는 체화와 현사실성의 역할에 후설이 했던 것 그 이상으로 큰 중요성을 부여하며, 또한 초월적인 것과 경험적인 것, 그리고 마음과 세계 사이의 전통적인 분할을 재고찰하는 한층 더 고유한 시도로 나아간다. 이것은 메를로-퐁티의 첫 번째 주요 저작인 『행동의 구조』(*The Structure of Behavior*, 1942)에서 명백하게 나타난다. 거기서 메를로-퐁티는 경험 과학에 광범위하게 관여하고, 마지막 페이지에 이르러 초월철학에 대한 재정의를 요구한다.[13] 메를로-퐁티는 우리에게 과학적 설명과 현상학적 반성 중 하나를 선택하게 하기보다는 의식과 자연 사이의 살아 있는 관계를 존중하고 객관주의와 주관주의 너머의 차원을 탐색할 것을 우리에게 요청한다.

하이데거는 후설보다 철학사를 더 주의 깊게 읽은 사람이며, 또한 후설보다 훨씬 더 전통이 우리의 현재 생각에 얼마나 큰 영향을 미치는지를 강조한 인물이다. 하이데거에게서 현상학의 한 가지 중요한 과제는 수

---

12 Merleau-Ponty 1964a, p. 107.
13 Merleau-Ponty 1963, p. 224.

세기 동안 암묵적으로 철학적 사고를 모함하고 제약해온 일부 형이상학적 개념의 진상을 드러내고 해체하는 것이다. 하이데거는 자신의 현상학적 분석과정에서 이론적 태도와 대상의 주어짐, 그리고 시간적 현전에 특권을 부여하는 전통적 사유를 의문시하는 데 이른다. 그는 후설의 한계 중 하나가 논리적 쟁점과 인식론적 쟁점에 과도하게 집중해 존재와 주어짐 개념을 지나치게 협소하게 운용했던 것이라고 주장한다. 하이데거는 후설이 자신의 탐구가 사태 그 자체의 인도를 받도록 그대로 두기보다는 전통적 전제들, 또는 더 구체적으로는 데카르트적 전제들과 결정에 끌려갔다고 말한다. 능동적 자아에 특권을 부여함으로써, 그리고 주어짐을 대상의 주어짐으로 환원함으로써 후설은 지향적 주체성 특유의 독특한 존재방식을 드러내지 못했을 뿐만 아니라 그러한 주어짐 자체를 위한 가능성의 조건에 관한 참된 초월적 물음에 적절하게 관여하지 못했다.[14] 『존재와 시간』 이후에 나온 저작들에서 하이데거가 이러한 쟁점들과 씨름한 것은 현존재를 특권화한 자신의 입장을 의문시하는 쪽으로 이끌었다. 『존재와 시간』에서 그는 기초존재론이 여전히 인간 존재에 뿌리를 두고 있어야 하며, 우리가 현존재의 존재 이해에 대한 탐구를 경유하는 가운데 존재론적 물음에 접근해야 한다고 주장했지만, 하이데거는 결국 현존재의 자기 이해가 존재 자체에 속해 있는 한층 더 근본적인 밝힘(Lichtung)에 의해 가능해진다는 견해를 갖게 되었다. 하이데거가 1946년 『'휴머니즘' 서간』에 쓴 데서 보듯이,

인간 존재는 존재자의 주인이 아니다. 인간 존재는 존재의 목동(牧童)

---

14 Heidegger 1985, §§ 10~13.

이다. 인간 존재자들은 이 '덜함'에서 아무것도 상실하지 않는다. 오히려 그들은 그들이 존재의 진리에 이른다는 점에서 무엇을 얻는다. 그들은 목동의 본질적 가난을 얻는데, 목동의 존엄성은 존재 자체를 따라 존재의 진리를 보존하는 데로 부름받는 것으로 나타난다.[15]

지금까지 나는 현상학의 발전을 주로 초점의 확장으로 특징짓고 있다. 그러나 혹자는 다소간 다른 방식, 더 수직적인 방식으로 이 발전을 기술할 수도 있다.

보이지 않는 것의 현상학

심층 현상학(depth phenomenology)으로부터 표층 현상학(surface phenomenology)을 구별하는 것이 관습이 되었다. 표층 현상학은 특정한 대상 유형과 특정한 지향 작용 사이의 상관관계에 정면으로 초점을 맞추지만, 이를 더 근본적인 방식으로 전개하는 것도 가능하다. 때때로 후설은 주체의 지향적 능동성이 주체성의 지반 아래 또는 심층-차원에서 일어나는 다양한 수동성의 과정에 의해 정초되고 조건지어지는 방식을 드러내고 밝혀내려고 한다면, 정교한 채굴 작업이 필요하다고 말한다.[16] 후설은 이 수동적이고 익명적으로 기능하는 차원에 관한 기술이 어려운 것이라는 점을 잘 알고 있었는데, 이는 우리의 성향상 우리가 지닌 개념들이 일차적으로 세계의 대상과의 상호작용에서 비롯되기 때문이다. 결과적으로

---

15 Heidegger 1998, p. 260.
16 Husserl 2001a, p. 170.

한 가지 과제는 너무 명석한 판명성을 가져오지 않는 것, 그리고 구조와 범주를 경험적 삶에 관한 기술로 지나치게 객관화하지 않는 것이다. 이러한 어려움을 깨닫고 후설은 주체성의 가장 기초적인 차원이 "가능한 기술의 거의 한계점에 놓여 있다"는 것을 강조했다.[17]

조금 더 일반적으로 말해 후설은 대상을 향한 지향성, 대상들에 대한 의식과 대상들에 대한 점유는 마음의 삶을 고갈시키지 않으며, 실제로 그것의 고유한 다양한 전제조건을 가지고 있다는 것을 충분히 인식하고 있었다. 시간의식의 구조에 관한 후설의 탐구는 종종 가장 근본적인 현상학적 차원을 특성화하고 분석하려는 그의 가장 근본적인 시도로 여겨진다. 후설의 시간의식에 대한 광범위한 관여에서 한 가지 주목할 만한 특징은 그가 결국 대상-현시와는 다른 현시의 형태들이 있음을 깨닫고 (이 점은 하이데거의 후설 비판이 정확한 것인지 의문을 품게 만든다), 의식의 흐름(흐르고 있음)이 의자와 책상의 현시와는 다른 원리와 구조를 따르는 시간적인 자기의식의 형태에 해당한다고 본 것이다.

『존재와 시간』의 유명한 언급에서 하이데거는 현상학의 구체적인 과제가 우선 대개 보이지 않게 감춰진 채로 있는 것을 열어 밝히는 것이라고 주장한다. 실제로 우리에게 현상학이 필요한 이유는 직접적으로 드러나지 않는 현상들이 있기 때문이다.[18] 훨씬 후에, 1973년의 한 콘퍼런스에서 하이데거는 "나타나지 않은 것의 현상학"(phenomenology of the inapparent)의 필요성에 대해 분명하게 말한다.[19] 아마도 현상학의 경계를

---

17 Husserl 2001c, p. 278.
18 Heidegger 1996, p. 31.
19 Heidegger 2003, p. 80.

이 방향에서 밀어붙이려는 가장 지속적인 시도는 보이지 않는 것의 현상학(phenomenology of the invisible)이라고 불리는 것을 발전시키려 했던 미셸 앙리의 연구에서 발견될 수 있다. 간단히 말해 앙리의 생각은 주체성이 세계의 외재성의 가시성에서는, 세계의 빛 가운데서는 자신을 드러내지 않는다는 것이었다. 순수한 주체성은 자신을 세계의 대상으로 드러내지 않으며, 세계의 나타남에 속하는 범주들을 통해서는 포착될 수 없다. 오히려 앙리는 이렇게 쓰고 있다.

> 토대는 모호한 어떤 것이 아니고, 빛 속에서 그 빛을 발하는 사물을 지각 가능한 것이 되게 하는 빛도 아니며, '초월적 현상'으로서의 사태 자체도 아니다. 다만 그것은 그 현전이 '보이지 않은' 채로 남아 있음에도 불구하고, 자기 자신에게 현전하는 내재적 드러남이다.[20]

앙리의 제안은 현상학이 현시에 대한 관심을 버리고 그 대신 무제약적 사변에 가담해야 한다는 것이 아니다. 보이지 않는 것에 대해 말하는 것은, 우리에게 영원히 숨겨져 있는 어떤 것에 대해 말하는 것이 아니고, 절대 드러나지 않는 것에 대해 말하는 것도 아니며, 단순히 보이는 것과는 근본적으로 다른 방식으로 자신을 현시하는 어떤 것에 대해 말하는 것이다.

현상학자 대부분은 현상학이 대상을 향한 지향성 및 대상-현시의 고정성과 점유성을 넘어서야만 한다는 생각을 공유하고 있다. 이것은 우리의 가장 근본적인 자기 정당화가 대상-관계의 형태를 취하지 않기 때문

---

20 Henry 1973, p. 41.

만이 아니라 타자와의 본래적인 관계가 우리의 객관화하는 파악을 넘어서는 누군가와의 관계이기 때문에 그런 것이다.

이러한 생각이 이미 후설에게서 기초적인 형태로 발견될 수 있지만, 나중에 레비나스, 앙리, 데리다와 같은 사상가들이 지향성, 시간의식, 상호주관성, 언어 등에 대한 고전적인 현상학적 탐구로의 비판적 참여를 통해 그러한 생각을 철저화했으며, 또한 이를 통해 그들이 현상학의 발전에 중요한 공헌을 했다는 점에는 의심의 여지가 없다.

더 읽을 거리

- Jacques Derrida, "Violence and Metaphysics: An Essay on the Thought of Emmanuel Levinas", In J. Derrida (ed.), *Writing and Difference*, trans. Alan Bass, London: Routledge, 1995, pp. 79~153(국역본: 자크 데리다, 「폭력과 형이상학: 엠마뉴엘 레비나스의 사유에 관한 에세이」, 『글쓰기와 차이』, 남수인 옮김, 동문선, 2001, 129~246쪽).

- Martin C. Dillon, "Merleau-Ponty and the reversibility thesis", *Man and World* 16/4, 1983, pp. 365~88.

- Theodore Kisiel, *The Genesis of Heidegger's Being and Time*, Berkeley, CA: University of California Press, 1993.

- Dan Zahavi, "Michel Henry and the phenomenology of the invisible", *Continental Philosophy Review* 32/3, 1999, pp. 223~40.

제6장 메를로-퐁티의 『지각의 현상학』 서문

메를로-퐁티가 그의 가장 잘 알려진 저작, 『지각의 현상학』에 쓴 유명한 서문을 보면서 제1부를 마무리해보자. 이 책의 서문은 '현상학이란 무엇인가?'라는 물음에 짧은 답을 제시하고자 한다. 메를로-퐁티가 자신의 논의에서 후설과 하이데거, 이 둘 모두로부터 통찰을 끌어내기 때문에 이 서문은 미묘한 답변을 제시하기에 적합하다.

　메를로-퐁티는 후설의 첫 번째 저술들이 나온 지 반세기가 지났음에도, 현상학에 대한 일의적 정의가 여전히 없다는 점에 주목하면서 논의를 전개한다. 실제로 다음과 같이 주어진 많은 제안은 다른 방향을 가리키고 있는 것처럼 보인다.

　1. 한편으로 현상학은 본질주의의 한 형태로 특징지어진다. 단지 상이한 현상들에 대한 경험석 설명이나 사실직 설명에 관심을 두는 것이 아니라 반대로 그것은 의식의 흐름, 체화, 지각 등의 불변적 구조를 드러내는 것을 추구한다. 그러나 다른 한편으로 세계와 인간 실존을 탐

구하기 위한 출발점은 현사실적 존재로 남아 있다. 현상학은 단순히 본질주의의 한 형태가 아니라 현사실성의 철학이기도 하다.

2. 현상학은 초월철학의 한 형태다. 그것은 경험과 인식의 가능성의 조건에 대한 반성을 추구하며, 자연적이고 일상적인 형이상학적 가정들을 비판적으로 탐구하기 위해 그 가정들(특히 마음-독립적 세계의 존재에 대한 우리의 가정)을 유보한다. 그러나 동시에 현상학은 반성이 이미 존재하는 세계와의 관계에서 출발해야 하며, 철학의 핵심 임무는 이 즉각적이고 직접적인 세계와의 접촉을 실질적으로 이해하는 것임을 인정한다.

3. 현상학은 엄밀하게 학(學)으로서의 철학을 확립하고자 하지만, 또한 우리의 생활세계를 설명하고 공간과 시간, 세계에 대한 선과학적 경험을 정의해야 할 과제를 안고 있다.

4. 현상학은 순수하게 기술적인 분야로 자주 기술된다. 그것은 우리의 경험을 그 자체로 주어진 것으로 기술한다. 현상학은 경험의 신경생리학적 기원 또는 생물학적 기원에는 관심을 두지 않고 인과적 설명을 제공하려고도 하지 않는다. 그러나 동시에 후설 자신도 발생적 현상학, 즉 지향적 구조의 기원과 발전, 역사성을 분석하는 현상학을 발전시키는 것이 중요하다고 강조해왔다.

메를로-퐁티의 말처럼 종종 인식의 순수하고 불변적인 조건을 주제화하려는 시도로 간주되어온 후설의 현상학과 인식의 역사적이고 실천적인 맥락성을 드러내는 시도로 빈번하게 해석되어온 하이데거의 (해석학적이고 실존론적인) 현상학을 전술한 바와 같이 단적으로 차별화함으로써, 이 명백한 불일치를 극복하려는 유혹에 빠질 수 있다. 그런데 메를로-퐁티는 이런 제안을 너무 소박한 것으로 보고 재빨리 거절한다. 그가 지적하듯이, 언급된 이 모든 대조는 후설의 사유에서 내적으로 발견될 수 있는 것이다. 게다가 더 중요한 것은, 우리가 참된 대조나 대안을 다루는 것이 아니라 (적절하게 이해된) 현상학이 필연적으로 포함해내고 통합하는 보완적 측면을 다루고 있다는 점이다.[1]

메를로-퐁티는 후설의 '사태 자체로'라는 경구를 과학주의에 대한 비판으로 해석하며, 또한 과학적 합리성에서 나타나는 세계보다 더 근원적인 세계와의 관계를 드러내는 시도로 해석했다. 그것은 과학적 개념화와 분절화된 표현에 선행하는 전제조건이 되는 지각 세계로의 귀환을 요구한다. 과학주의는 물리학, 생물학, 심리학 등의 이론을 객관화함으로써 남김없이 설명될 수 있는 대상들, 세계 안의 대상들로 우리를 환원하려 한다. 그것은 자연과학의 방법이 세계에 대한 인식론적 접근의 유일한 수단을 제공하고, 자연과학이 수용하는 용어로 포착할 수 없는 존재자는 존재하지 않는다고 주장한다. 그러나 메를로-퐁티의 주장대로 우리는 우리의 과학적 지식을 포함한 세계에 대한 지식이 신체적으로 고정된 1인칭 관점에서 발생하며, 이러한 경험적 차원이 없다면 과학은 무의미할 것이라는 사실을 결코 잊어서는 안 된다. 과학적 담론은 경험 세계에 뿌리를 두고 있으며, 과학의 성과와 한계를 이해하고자 한다면 더 높은 차원에서 발현하는 세계의 근원적 경험을 탐구해야 한다. 과학이 3인칭의 관점에서 활용할 수 있는 것에 대해 일방적으로 초점을 두는 것은, 메를로-퐁티의 입장에서는 결과적으로 과학적인 실천이 끊임없이 과학자의 1인칭적인 선과학적 세계 경험을 전달하기 때문에 소박하면서도 부정직

---

1 Merleau-Ponty 2012, p. lxxi.

한 일이다.[2]

현상학이 1인칭 관점의 중요성을 강조하는 것을 순수한 무세계적 주체가 세계의 풍요로움과 구체성을 구성하도록 마음을 세계에서 분리해내는 고전적인 (초월적) 관념론의 시도와 혼동해서는 안 된다. 이 시도 역시 소박한 것이었다. 주체가 세계에 대해 우위성을 가지지는 않으며, 진리가 인간의 내면성에서 발견되는 것도 아니다. 인간은 세계에 존재하고, 오직 세계에 거주함으로써만 그나 그녀 자신을 인식하기 때문에 내면성은 존재하지 않는다. 달리 말하면 현상학적 반성으로 드러난 주체성은 감춰진 내면성이 아니고 세계와의 관계를 여는 것이다.[3] 하이데거의 구절을 사용하자면 우리는 '세계-내-존재'를, 더 나아가 공간 가운데 정립된 대상들의 단순한 총체로서나 인과관계의 총합으로서 이해되는 것이 아니라 오히려 끊임없이 그 안에 자리 잡은 의미의 맥락으로 이해되어야 하는 세계를 다루고 있다.

만약 관념론이 참이었다면, 세계가 우리의 구성과 구축의 산물이었다면, 세계는 충만한 투명성 가운데 나타났을 것이다. 세계는 단지 우리가 세계에 귀속한다는 의미를 가질 뿐이고, 결과적으로 숨겨진 양상이나 신비의 의미를 전혀 포함하고 있지 않을 것이다. 관념론과 구성주의는 세계의 초월성을 박탈한다. 그런 입장에서는 자기와 세계 및 타자에 대한 인식이 더 이상 문제되지 않는다. 그러나 사태는 더 복잡해진다.

세심한 현상학적 분석에서 드러나겠지만, 나는 단순히 나에 대해서만 존재하는 것이 아니라 타자들에 대해서도 존재한다. 타자들이 단순히 그

2 Merleau-Ponty 2012, p. lxii.
3 Merleau-Ponty 2012, p. lxxiv.

들 자신에 대해서만이 아니라 나에 대해서도 존재하는 것처럼. 주체는 자기-이해나 자기의 세계 이해에 있어 독점적이지 않다. 반대로 거기에는 오직 타자를 통해서만 사용할 수 있고 접근 가능한 것이 되는 나 자신의 양상과 세계의 양상이 있다. 요컨대, 나의 존재는 단순히 내가 나를 어떻게 파악하느냐의 문제가 아니라 타자들이 나를 어떻게 파악하느냐의 문제다. 주체성은 반드시 사회적·역사적·자연적 맥락에 내재해 구체화된다. 세계는 주체성과 상호주관성과 분리 불가능하며, 현상학의 과제는 세계, 주체성, 상호주관성을 그 고유한 연결 가운데에서 사유하는 것이다.[4]

우리와 세계의 관계는 너무나 근본적이고 명백하고 자연스럽기에 우리는 보통 그것에 대해 반성하지 않는다. 바로 이렇게 무시된 명백함(obviousness)의 영역이 현상학이 탐구하고자 하는 것이다. 현상학의 과제는 세계의 다른 영역에 대한 새로운 경험적 지식을 얻는 것이 아니라 그러한 경험적 탐구에 의해 전제된 세계와의 기초적 관계를 이해하는 것이다. 현상학이 일종의 반성적 유보(후설이 에포케와 환원이라고 부른 것)의 방법론적 필요성을 강조할 때, 이것은 현상학이 순수 의식을 위해 세계를 버리고자 하기 때문이 아니라 우리를 세계에 결부시키는 지향적 실마리들을 살짝 느슨하게 풀어놓음으로써만 보이게 할 수 있기 때문에 그렇게 하는 것이다. 메를로-퐁티가 말한 것처럼 세계는 멋진 것이다. 그것은 선물이자 수수께끼다. 하지만 세계를 현실화하기 위해서는 우리의 일상적인 맹목성과 사유하지 않음으로 말미암아 세계를 당연한 것으로 여기는 일을 중단할 필요가 있다. 보통 나는 자연적으로 관여된 세계와의 관계 속에서 살아간다. 그러나 철학자로서 나는 그런 소박한 세계-몰입으로는

---

4 Merleau-Ponty 2012, pp. lxxvi, lxxxv.

도저히 [철학을] 시행할 수 없다. 내가 세계에 관해 설명할 수 있기 위해서는 다소간이라도 어느 정도 세계와 거리를 두어야 한다. 이것이 바로 메를로-퐁티가 우리의 세계-내-존재에 대한 분석이 현상학적 환원을 전제한다고 주장한 이유다.[5]

현상학적 탐구는 사실적인 것에서 본질적인 것으로 이행하는 것으로 전개되지만, 그것이 분석이 끝나는 장소인 것은 아니다. 본질에 초점을 맞추는 것은 목적이 아니다. 그것은 우리의 사실적 존재의 깊이를 이해하고, 개념화하고, 명확하게 표현하는 수단이다. 본질적인 구조에 초점을 맞춘다는 것은 사실적인 것의 풍부함을 포착하려는 바람 때문이지, 현사실성을 추상화하고 무시하려는 욕망 때문이 아니다.[6]

지향성 분석, 의식의 방향성 또는 근사성(aboutness)에 대한 분석이 현상학의 중심 업적 중 하나로 제시되는 경우가 많다. 사람은 단순히 사랑, 두려움, 봄, 판단만 하는 것이 아니라 사랑하는 사람을 사랑하고, 두려운 것을 두려워하고, 대상을 보고, 사태를 판단한다. 우리가 지각, 사유, 판단, 환상, 의심, 기대 또는 기억을 이야기하는 것과는 무관하게 이러한 다양한 형태의 의식은 지향하는 대상들에 의해 특징지어지며, 그것들의 객관적 상관관계, 이를테면 지각된, 의심된, 또는 기대된 대상을 보지 않고서는 제대로 분석할 수 없다. 결과적으로 이는 주체가 대상에 도달하는 것에 관한 문제가 아니다. 왜냐하면 주체의 존재가 지향적이기 때문이다. 즉 주체는 자기-초월 그 자체이며, 자신과는 다른 어떤 것을 향함 자체다. 그러나 우리의 이론적인 대상-향함이라는 것을 매우 상세하게 분

---

5 Merleau-Ponty 2012, p. lxxviii.
6 Merleau-Ponty 2012, p. lxxviii.

석하는 것과는 별개로, 현상학은 세계가 어떤 분석, 식별, 객관화보다 먼저 주어진다는 것을 분명히 했다. 간단히 말해 세계와의 전(前)이론적 관계 및 비(非)이론적 관계가 있다. 메를로-퐁티가 지적하듯이, 후설이 지향성을 두 종류로 구별한 이유가 있다. 『논리 연구』에서 후설이 객관화하는 지향성의 형식인 작용-지향성이라고 부른 것이 있다. 그러나 후설이 그의 후기 저작 중 일부에서 자세히 분석한 비객관화하는 지향성이라는 수동적이거나 작위적인 형태의 지향성도 있다. 메를로-퐁티에 의하면, 이 근원적이고 기본적인 세계-관계는 절대 설명되거나 분석될 수 없다. 이 관계에 주의를 환기하고 우리가 그 관계의 환원 불가능성을 존중하게 만드는 것이 현상학이 할 수 있는 일의 전부다.[7]

　메를로-퐁티는 현상학을 지각의 비판적인 (자기-)반성이라고 특징짓는다. 적어도 그 자신만 가지고는 어떤 것도 당연하게 여겨서는 안 된다. 반성은, 달리 표현하자면, 끊임없는 성찰이다.[8] 여기서 메를로-퐁티의 요점은 현상학이 항상 진행 중이라는 것이다. 이는 '환원의 가장 중요한 교훈은 완전한 환원의 불가능성'이라는 메를로-퐁티의 유명한 주장에서도 표면화된다.[9] 우리는 그 환원을 반드시 특수한 반성적 움직임으로 간주해야 하는데, 메를로-퐁티의 요점은 유한한 생명체로서의 우리가 세계를 총체적 관점에서 탐구하기 위해 세계에 몰입해 있는 삶에 묶인 매듭을 단번에 단절하게 해주는 절대적 반성을 발휘할 수 없다는 것이다. 아무리 근본적인 반성이라도, 메를로-퐁티의 표현대로, 최초의, 지속적인, 최

7　Merleau-Ponty 2012, p. lxxxii.
8　Merleau-Ponty 2012, p. lxxxv.
9　Merleau-Ponty 2012, p. lxxvii.

종적 상황에 남겨져 있는 아직 반성되지 않은 삶에 의존해 있고 그런 삶에 연결되어 있다.[10] 환원이 완성될 수 없다고 말하는 것은 그것이 실행될 수 없다는 것을 뜻하지 않는다. 그러나 이 절차는 단번에 영원하게 완성되기보다는 반복적으로 수행되어야 한다. 이처럼 현상학이 지닌 미완의 성격과 불완전한 환원에 관한 메를로-퐁티의 언급은 두 가지 방식으로 동일한 요점을 제시한다. 그러나 그가 글을 갈무리하며 지적했듯이, 현상학이 미완성으로 남아 있다는 사실과 그것이 항상 진행 중이라는 사실은 고쳐져야 할 결함이나 단점이 아니라 본질적인 특징 중 하나다. 현상학은 견고하고 융통성 없는 체계가 아니라 오히려 세계에 대한 경이이자 끊임없는 운동이다.[11]

더 읽을 거리

- Martin C. Dillon, *Merleau-Ponty's Ontology* (2nd edition), Evanston, IL: Northwestern University Press, 1997.
- Komarine Romdenh-Romluc, *Merleau-Ponty and Phenomenology of Perception*, London: Routledge, 2010.
- Ted Toadvine, "Maurice Merleau-Ponty", In E. N. Zalta (ed.), *The Stanford Encyclopedia of Philosophy*, https://plato.stanford.edu/archives/win2016/entries/merleau-ponty/.

---

10   Merleau-Ponty 2012, p. lxxviii.
11   Merleau-Ponty 2012, p. xvi.

제2부
구체적 분석

현상학적 철학의 성격을 어느 정도 상세히 기술하고, 여러 기초적인 현상학적 개념과 현상학의 조금 더 일반적이고 방법론적인 성격을 구별했다. 이제는 현상학을 한다는 것이 무엇인지를 이해할 차례다. 현상학은 치밀한 탐구로 알려져 있는데, 앞으로 나는 몇 가지 구체적인 현상학적 분석을 고찰함으로써 이 분석의 풍요로움을 보여줄 것이다. 먼저 나는 공간성과 체화에 대한 현상학적 탐색을 검토한 다음에 상호주관성과 공동체에 대한 분석으로 나아갈 것이다.

제7장 공간성과 체화

『존재와 시간』에서 하이데거의 영향력 있는 주장 중 하나는 철학의 전통이 특정한 종류의 존재, 즉 대상들의 존재에 너무 몰두해 거기에 과도한 관심을 가졌다는 것이다. 결과적으로 이는 또한 인간 존재자들, 즉 우리 자신을 대상처럼 존재하는 존재자들로 보는 경향을 보인다. 이것은 일견 이상한 주장처럼 보일지도 모른다. 결과적으로 데카르트, 존 로크, 그리고 데이비드 흄을 포함한 초기 근대 철학이 바로 주체성의 중요성을 강조하고 있지 않은가? 그러나 하이데거에 의하면 근대에는 자립적인 무세계적 실체, 즉 매우 특별한 종류의 고립된 대상처럼 주체성을 파악하는 경향이 널리 퍼져 있었다. 하지만 이러한 접근방식은 우리만의 독특한 존재방식을 정의하는 일에 완전히 실패했다. 우선 우리는 대개 우리가 거주하는 바로 그 세계 자체와의 관계에 따라 구성되는 존재자들이다.

세계-내-존재

전통적인 개념과의 파열을 나타내기 위해 하이데거는 우리 자신이 어떤 존재인지를 지시하기 위해 현존재(Dasein)라는 용어를 도입했으며, 『존재와 시간』의 대부분을 현존재의 근본적 특징, 특히 현존재의 이른바 '세계-내-존재'(In-der-Welt-sein)의 분석에 바친다. 하이데거의 주장처럼 현존재가 세계와 관련이 있는 것은 선택이나 행복한 우연에서 비롯한 것이 아니다. 오히려 우리의 세계로의 참여는 현존재의 구성적 특징, 즉 현존재가 결여할 수 있는 본질적 특징이다. 더욱이 이 참여는 일차적으로 하이데거가 자신의 용어, 곧 눈-앞에-있음(present-at-hand)으로 명명하는 고립된 대상들로부터 거리를 둔 이론적 관찰과 관조의 형식을 취하지 않는다. 오히려 우리가 우선 그리고 대개 마주하는 존재자는 손-가까이-있음(ready-to-hand)인 존재자, 우리가 잡을 수 있고, 조작할 수 있고, 사용할 수 있는 존재자다. 사실, 그것은 실천적 사용 가운데 존재하며, 다루고, 사용하고, 돌봄으로 말미암아 그것들이 존재하는 바 그대로 자신을 보여주는 바로 그것이 우리가 마주하는 존재자다. 하이데거가 쓴 것처럼

> 우리가 망치라고 불리는 것을 덜 응시할수록, 우리가 그것을 더 능동적으로 사용할수록 망치와 우리의 더 근원적인 관계가 형성되고, 그것을 무엇으로 더 숨기지 않고 유용한 것으로 마주하게 된다. 망치질하는 행위 자체가 망치의 특정한 '편의성'(handiness)을 발견한다.[1]

---

1 Heidegger 1996, p. 65.

더 일반적으로 말해 현존재와 세계 사이의 관계를 수립하는 것은 (여기서 대상들과 거리를 둔 이론적 관찰로 좁게 이해되는) 인식이 아니다. 오히려 인식에서 현존재는 이미 드러난 세계에 있는 존재자들과 새로운 방식의 관계를 수립했다. 인식은 우리의 일차적인 세계-내-존재로부터 파생된 변형이며, 우리가 이미 세계 안에 존재하기 때문에만 가능한 것이다. 오직 손-가까이-있음으로의 실천적 참여 때문에 이러한 존재자들에 관한 이론적 탐구 같은 것이 가능하게 된다. 우리가 진공청소기를 사용하는 경우에만 그 사용이 방해를 받는 상황이 발생할 수 있다. 이를테면, 만일 진공청소기가 제대로 작동하지 않는다면, 그때 우리는 비로소 당면한 일에 몰두하기보다는 연장과 무게, 색 등을 가진 눈-앞에-있음의 대상으로서의 그 도구 자체를 알아보고 자세히 조사하기 시작한다.[2]

『존재와 시간』제22절에서 하이데거는 세계 내 존재자들의 공간성에 대해 의문을 제기한다. 놀랄 것도 없이, 그는 처음에는 즉시 손-가까이-있음의 공간성에 관심을 둔다. 왜냐하면 그의 출발점은 우리가 가장 먼저 마주치는 종류의 존재자들이기 때문이다. 하이데거가 지적한 바와 같이, '우선 그리고 대개'라는 표현은 단순히 시간적 의미뿐만 아니라 공간적 함축도 가지고 있다. 우리가 가장 먼저 마주치는 것은 가까운 곳에 있는 것이다. 잘 알려진 대로 하이데거가 눈-앞에-있음의 우위성을 거부하는 것을 고려하면, 가까이 있음(nearness)은 기하학적인 용어로 해석되지 않는다. 손-가까이-있음의 근접성은 우리가 그것을 실제로 다루는 가운데 현시된다. 접근할 수 있고, 또한 사용할 수 있는 것이라면 그것은 바로 가까이에 있다. 더 구체적으로 손-가까이-있음의 공간성과 그 장소는 그

---

2 Heidegger 1996, p. 57.

것이 속해 있는, 그리고 그 기능성을 가지는 특정한 사용 맥락에 내재해 있는 문제이지, 3차원 공간에서의 그것의 위치에 대한 문제가 아니다. 그것은 도구가 그 의미, 적합성, 유용성을 갖는 이러한 실천적 맥락 안에서만 존재한다. 단일한 도구의 부분들은 절대 단독적으로 서 있지 않으며, 항상 다른 도구의 부분들을 지시하는 망 속에 배치된다. 우표는 봉투나 엽서를 포함한 세계에서만 의미가 있다. 펜은 글씨를 쓰는 것이고 잉크와 종이를 가리키는 것이다. 망치는 못과 판자와 같은 다른 장비들의 맥락에서만 의미를 발한다. 우리가 어떤 것이 어디에 있는지 물을 때, 우리의 물음은 그러한 망 내에서의 위치와 관련한다. (위, 아래, 옆 등의) 공간적 차원은 실천적이고 구체적인 지시와 관련한다.

그러므로 공간은 우리에게서 손-가까이-있음의 비주제적 친숙함으로 일차적으로 경험된다. 공간은 손-가까이-있음의 특성을 가지는 것으로, 차후 대상들로 채워질 수 있는 빈 용기가 아니다. 우리의 실천적인 교섭이 방해받을 때 비로소 우리는 순전한 공간을 발견하게 된다. 손전등이 우리가 그것을 발견할 것으로 기대했던 곳에 있지 않을 때, 비로소 우리는 서랍을 빈 용기로 주목하게 된다.

하이데거는 손-가까이-있음이 "현존재 자체가 그 세계-내-존재와 관련해 '공간적'이기 때문에 …… 주위세계의 공간에서만" 접할 수 있는 것이라는 점을 언급하면서 제22절의 결론을 내린다.[3] 이 진술은 어떻게 해석되어야 하는가? 하이데거에 의하면, 손-가까이-있음의 공간성은 세계의 의미 맥락에 내재해 있는 특징이다. 그러나 세계성은 현존재의 세계-내-존재에 관한 분석을 통해서만 이해될 수 있다. 이런 이유로 손-가까

3 Heidegger 1996, p. 97.

이-있음의 공간성에 대한 분석은 현존재의 공간성에 대한 분석을 포함해야 한다. 『존재와 시간』 제12절에서 하이데거는 현존재의 실존론적 '내-존재'와 사물들의 범주적 '내-존재'를 명확히 구분할 필요가 있다는 점을 강조했다. 현존재는 물이 컵 안에 있거나 티셔츠가 벽장 안에 있는 것과 같은 방식으로 세계 내에 존재하는 것이 아니다. 다시 말해 현존재는 또 다른 연상된 존재자 내에 포함된 연장된 존재자처럼 있는 것이 아니다. 실제로 하이데거가 세계를 대상들의 총합(sum)이나 총체(totality)로서가 아니라 현존재가 거주하는 의미(meaning)와 의의(significance)의 친숙한 맥락으로 정의한 것을 고려할 때, 현존재만이 세계-내-존재로 특징지어진다는 하이데거의 견해는 당연하다. 반면에 다른 유형의 존재자들은 '세계 내부에' 또는 '세계에 속해' 있지만, 그 세계는 존재자들에 대해 '거기에' 있는 것이 아니며, 존재자들이 세계를 가지는 것도 아니다.[4] 그러나 '내부에 포함되는 것'의 공간성이 현존재에게 적용되지 않는다는 사실이 현존재가 공간성을 가지지 않는다는 것을 수반하지는 않는다.[5]

하이데거는 제23절에서 이러한 생각을 계속 밀고 나아간다. 현존재의 공간성이 세계-내-존재를 통해 이해되어야만 한다는 것을 고려할 때, 현존재의 공간성을 적절하게 표현하려면 어떤 점에 주목해야 할까? 하이데거는 특히 두 가지 측면에 초점을 맞춘다. '방향 잡음'과 '거리 없앰'(Ent-fernung)이 바로 그것이다.[6] 하이데거는 전자에 대해 현존재의 세계-내-존재는 언제나 어떤 방향 잡음(관점, 관심)을 갖는다는 점을 지적한다. 우

---

4 Heidegger 1996, p. 61.
5 Heidegger 1996, pp. 50~51.
6 Heidegger 1996, p. 97.

리가 세계를 염려하며 교섭하는 것은 전적으로 혼란스러운 어떤 것이 아니다. 또는 오히려 일시적인 방향 전환이 가능한 범위에서 현존재가 그만큼 방향성과 방향 잡음으로 특징지어지기 때문에 우리는 세계와 교섭한다. 세계 내부에서 마주하게 되는 존재자들이 다음과 같은 관점과 방향성에서 자신을 현전하는 것은 현존재의 이런 특징에 기인한다. 현존재는 특수한 방향 가운데 접근 가능한 것으로, 즉 위로 또는 아래로, 왼쪽으로 또는 오른쪽으로, 여기로 또는 저기로 방향을 잡는다.

하이데거가 선택한 두 번째 표현인 '거리 없앰'은 'Entfernung'(거리)과 'entfernen'(제거하기 또는 빼앗기)이라는 독일어의 의미들을 환기해내는 시도다. 그가 현존재의 세계-내-존재가 거리 없앰으로 특징지어진다고 할 때, 이것은 당신이 접근하는 자동차와 당신 사이의 거리를 '제거한다'는 의미에서 현존재가 거리를 제거한다는 의미를 내포하는 것으로 이해되어야 한다. 즉 현존재는 존재자들을 현전하게 하거나 가까이 있을 수 있게 한다. 이것은 실천적인 교섭만이 아니라 이론적인 연구에서도 일어난다. 하이데거는 "가까움을 향한 본질적 경향이 현존재에게 놓여 있다"고 쓴다.[7] 어떤 것이 가까이에 있는지 또는 더 멀리 있는지는 기하학적 측정에 따라 결정되지 않는다. 거리는 절대적인 용어로 정의될 수 없지만, 맥락과 실천적 관심 및 이해관계에 상대적이다. 마찬가지로 가장 가까운 곳에 있는 것이 반드시 자신의 몸에서 가장 짧은 '객관적' 거리에 있는 것은 아니다. 오히려 현존재가 관심을 가지거나, 손을 내밀거나, 붙잡거나, 볼 수 있는 것이다. 어떤 것을 더 가까이하는 것은 그것을 염려하는 교섭과 사용의 맥락에서 통합하는 것이다. 몇 가지 구체적인 예를 들어보자.

---

7 Heidegger 1996, p. 98.

- 기하학적으로, 나는 내가 보고 있는 그림보다 내가 서 있는 땅이나 내가 쓴 안경에 더 가까이 있다고 하지만, 현상학적 기술은 내가 땅이나 안경보다 그림에 더 가까이 있다고 주장할 것이다.[8]

- 기하학적으로 코펜하겐과 뉴델리 사이의 거리는 100년 전과 거의 같다. 하지만 실천적으로(pragmatically) 최소한 비행 비용을 감당할 수 있는 사람들에게 해당 거리는 극적으로 줄어들었다.

- 특정 목표를 달성하기 위한 두 가지 방법 가운데 한 방법을 선택할 때, 실천적으로 목표에 가장 가까운 것이 항상 기하학적으로 가장 짧은 길은 아니다. 열쇠를 가져오는 것을 잊어버린 채로 잠긴 현관문 밖에 서 있다면, 입구 안 홀의 기하학적인 근접성은 그것이 실천적으로 손이 닿지 않는 곳에 있기에 멀리 떨어져 있음을 막지 못한다. 현관문을 벗어나 잠금 해제된 뒷문으로 향하는 순간, 우리는 기하학적인 측면에서는 입구 안 홀에서 멀어지고 있지만 실천적인 측면에서는 더 가까이 다가가는 것이다. "객관적으로 현전하는 것들의 객관적 거리는 세계 내에 있는 손 가까이 있는 것의 멀고 가까움과 일치하지 않는다."[9]

- 도로가 좋고 여행 일정이 복잡하지 않다면 10마일 떨어진 도시는 자전거 타기로 쉽게 도달할 수 있을 것이다. 따라서 그 마을은 2~3마일 떨어진 바위산 정상보다 상당히 더 가까울지도 모른다. "'객관적으로' 기나긴 길은 '객관적으로' 훨씬 더 짧은 길보다 짧을 수도 있는데, 이것이 아마도 '무수한 길'일 것이고 무한하게 긴 길일 것이다."[10] 다시

8 Heidegger 1996, p. 98.
9 Heidegger 1996, p. 99.
10 Heidegger 1996, p. 140~41.

말해 측정치는 당신이 원하는 만큼 정확할 수 있지만, 우리의 경험과 실천적인 교섭에서 나타나는 참된 공간성을 규정할 때도 그것이 적절하거나 유용하지는 않다.

하이데거의 분석은 우주에 대한 두 가지 매우 다른 관념을 드러낸다. 한편으로 유클리드 기하학의 정밀한 3차원 공간이 있다. 다른 한편으로 현존재의 손-가까이-있음 가운데 존재자들과 실천적으로 교섭하면서 펼쳐지는 공간이 있다. 우리는 기하학적 측정이 실질적으로 존재하는 것으로서의 공간에 대한 중립적이고 객관적인 기술을 우리에게 제시한다고 할 수 있는 반면에, 접근 용이성 및 접근 속도와 같은 기준에 의존하는 공간 개념은 주관적이거나 기껏해야 인간 중심적이라고 할 수도 있을 것이다. 그러나 하이데거는 이러한 제안에 저항하면서 물리적 공간이 실천적인 공간보다 더 근본적이라는 생각은 이전의 형이상학적 약속을 드러낼 뿐이라고 주장한다. 참으로 실재적인 실재(real reality)는 정확히 현존재의 세계-내-존재 안에서 그리고 그것을 통해 열리는 것이다. 하이데거에 의하면, 공간은 우리가 실천적인 맥락에서 접근할 수 있기에 그것은 분리되어 과학적 지식의 대상을 형성할 수 있다. 손-가까이-있음으로 존재자들과 교섭하는 것과 관련해, 이를테면 건물이나 교량의 건설 또는 토지 측정 등에서 더 정확한 측정의 필요성이 이따금 발생할 수 있다. 만일 우리가 실천적 관심으로부터 완벽하게 분리될 수 있다면, 공간은 단순한 관찰과 이론의 대상이 될 수 있다.[11] 그러나 놀랄 것도 없이 하이데거는 공간의 기

---

11 우리는 후설의 『유럽 학문의 위기와 초월적 현상학』의 보론으로 수록된 「기하학의 기원」(Husserl 1970, pp. 353~78)에서 관련된 탐구를 찾아볼 수 있다.

하학에 대한 그러한 배타적 초점이, 근원적으로 주어지고, 실천적으로 의미 있는 공간의 중립화에 관여한다고 주장한다. 하이데거의 표현대로 공간은 '세계성을 박탈당하게' 된다.[12] 관계를 맺는 교섭이라는 구체적 맥락의 공간성이 순수한 차원성으로 변형된다. 따라서 손-가까이-있는 존재자들은 그 특유의 지시적 성격을 상실하고, 세계는 유의미한 도구 전체성의 존재에서, 연장된 사물 집합체의 존재로 환원된다.

앞서 내가 현존재의 공간성, 특히 현존재가 도구를 실천적으로 다루는 것과 관련한 공간성을 논할 때, 내 논의는 지속적으로 명시적으로 주제화되지 않았던 어떤 것 — 현존재의 체화(embodiment) — 을 전제했다. 그러나 『존재와 시간』에는 하이데거가 신체를 명시적으로 언급하는 곳이 딱 한 군데 있다. 그것은 그가 현존재의 공간성이 현존재의 '신체성'과 연결되어 있다고 진술한 제23절이다. 그런데 하이데거는 신체가 "여기서 다룰 수 없는 고유한 문제를 자체 안에 포함하고 있다"는 말을 곧장 덧붙인다.[13] 신체에 대한 이런 침묵은 특히 하이데거 자신의 술어 — 예를 들어 손-가까이-있음(ready-to-hand)과 눈[손]-앞에-있음(present-at-hand)의 구별 — 가 현존재가 체화된 존재(이를테면 손)라는 사실에 지속적으로 주목하고 있다는 점에서 혼란스럽다. 이뿐만이 아니다. 이미 지적한 바와 같이, 관계 맺음으로 공간이 열어 밝혀진다는 하이데거의 설명은 어떤 의미에서 신체에 관한 것이었다. 어떤 장소나 존재자의 가까움 또는 멂은 그것들에 대한 사용 가능성, 거기에 도달하기 용이함 등과 관계가 있다. 이 모든 것은 분명히 일하고, 움켜쥐고, 걷는 — 간단히 말해 체화된 — 주

---

12 Heidegger 1996, p. 104.
13 Heidegger 1996, p. 101.

체를 우리에게 지시한다.

현존재가 체화된다는 것은 명백하면서도 자명하기에, 명시적인 분석이 불필요하다는 점에 반대할 수 있다. 하지만 분명 그런 답변은 너무 쉬운 것이다. 하이데거 자신이 『존재와 시간』의 첫 번째 절에서 강조하듯이, 철학에서 "자명성에 호소하는 것은 …… 의심스러운 절차다".[14] 그리고 차후에 그는 현존재의 존재 구성이 명백하다고 해도, 이것이 "현존재의 존재론적으로 구성적인 역할로 존재를 억압하는 것을 정당화하지 않는다"고 주장한다.[15] 바로 이와 같은 비판은 하이데거 자신이 현존재의 체화를 해명하지 않았다는 점에서 바로 그 자신에게 가해질 수 있는 것으로 보인다. 체화에 대한 심층적 분석이 ─후설과 사르트르, 메를로-퐁티 등 다른 현상학자들도 논증하고자 한─ 마음-세계의 관계에 대한 우리의 이해에 중요한 어떤 것을 첨가할 수 있다는 점이 밝혀진다면, 그러한 비판은 더욱더 하이데거를 향하게 될 것이다.

살

어떤 이론적 틀이 주어진다면, 신체는 세계 안에서 맨 먼저 명백하게 공간적인 대상으로 보일 것이다. 우리가 포도송이나 모닥불을 감지할 수 있듯이, 우리는 신체를 보고 만지고 그 냄새를 맡을 수 있다. 이것은 또한 현상학자들의 견해인가? 신체에 관한 현상학적 탐구는 아마도 하나의 현상으로서의 신체에 초점을 맞춰야 할 것이다. 하지만 우리가 그림을 감상

---

14 Heidegger 1996, p. 3.
15 Heidegger 1996, p. 101.

하거나 진공청소기를 사용할 때, 신체는 정확히 어떻게 주어지는가? 선물은 어떤가? 그것은 지각적으로 이용 가능한 대상 중 하나인가? 나는 나의 신체를 공간상에서 지각 가능한 대상처럼 자각하는 것일까? 후설과 메를로-퐁티, 사르트르가 주장한 것처럼 신체는 많은 대상 가운데 있는 그저 하나의 대상이 아니다. 따라서 신체의 나타남의 방식은 일반적 대상과는 매우 다르다. 내가 공간적인 대상으로부터 나 자신을 제거할 수 있고 나 자신에게 접근할 수 있지만, 신체는 언제나 내가 세계에 대한 관점을 채택하는 것을 가능하게 하는 것으로 현전한다. 사실, 신체는 맨 먼저 세계에 대한 중요한 관점이다. 그러므로 그것은 원래 내가 한 관점을 취하는 한 대상이 아니다. 이와 다르게 주장하는 것은 무한 퇴행을 시작하는 것에 불과하다.[16] 사르트르는 심지어 살이 보이지 않게 존재한다고 하는데, 이는 바로 그것이 알려지는 것이라기보다 실존론적으로 생동하는 것이기 때문이다.[17]

정상적인 상황에서는 손이 어디에 있는지 알기 위해 손을 시각적으로 지각할 필요가 없다. 내가 라켓을 잡으려고 손을 뻗었을 때, 나는 먼저 손을 찾을 필요가 없다. 그것은 항상 나와 함께 있으므로 나는 그것을 찾을 필요가 없다. 신체적인 '여기'는 많은 것 중 하나의 포인트가 아니라 다른 좌표를 의미 있게 만드는 지축이다. 근원적으로 — 즉 선반성적으로(pre-reflectively) — 몸은 관점적으로 주어지지 않으며, 나는 현존하는 대상이나 공간적 대상으로 나 자신에게 주어지지 않는다. 그렇지 않다고 주장하는 것은 우리의 신체적 실존의 본질을 오해하는 것이다.

---

16 Sartre 2003, p. 353; Merleau-Ponty 2012, p. 93.
17 Sartre 2003, p. 348.

신체 및 신체와 의식의 관계 문제는 종종 신체가 처음부터 특정한 것으로서 그것만의 법칙을 가지고 있으며 외부로부터 정의될 수 있지만, 의식은 그때 독특한 내적인 유형의 직관에 따라 도달된다. 실제로 그 절대적인 내면성 안에서 일련의 반성 작용을 통해 '나의' 의식을 파악한 후, 나는 그것을 신경계, 뇌, 분비선, 소화기, 호흡기와 순환기관으로 구성된 어떤 살아 있는 몸체와의 결합을 추구한다. 바로 그 물질은 수소, 탄소, 질소, 인 등을 함유한 원자들로 화학적으로 분석될 수 있으며, 이때 나는 극복할 수 없는 어려움에 직면할 것이다. 그러나 이 모든 어려움은 내가 나의 신체가 아니라 타자들의 신체와 나의 신체를 통합하려고 하는 데서 비롯된다. 내가 방금 기술한 신체는 나를 위해 존재하는 것으로서의 나의 신체가 아니기 때문이다.[18]

우리가 레스토랑에 앉아 있는 상황을 고려해보자. 식사를 시작하고 싶어 포크와 나이프를 집어야 한다. 그런데 어떻게 해야 하는가? 둘 다 집기 위해서는 나와 관련된 그것들의 입지를 알아야 한다. 즉 포크와 나이프에 대한 나의 지각은 나 자신의 위치에 대한 정보를 포함하고 있어야만 한다. 그렇지 않으면 나는 이와 관련한 행동을 할 수 없을 것이다. 저녁 식탁에서 지각된 포크는 (내) 왼쪽에 있고, 지각된 나이프는 (내) 오른쪽에 있으며, 지각된 접시와 와인잔은 (내) 앞에 있다. 결과적으로 신체는 모든 지각적 경험에서 경험적 영점(zero-point)으로 현전하는 것으로 특징지어지며, 또한 그것은 나타나는 모든 대상과 관련해 방향을 설정하게 되는 절대적 '여기'다. 경험하는, 체화된 주체로서 나는 나의 지각적 대상

18 Sartre 2003, p. 327.

성 모두와 관련해 가깝거나 먼, 왼쪽이나 오른쪽인, 위로거나 아래인 독특하게 연관되는 지시점이다.

> 따라서 주위세계의 모든 사태는 …… 신체에 대한 방향 설정을 가지는 것이다. '멀다'는 것은 나로부터, 나의 신체로부터 멀다는 것이다. '오른쪽에'라는 것은 나의 신체의 오른쪽 측면을, 예를 들어 나의 오른손을 가리킨다. …… 나는 나에 대한, 그리고 나에 대립하는 모든 것을 가지고 있다. 그것들은 모두 '거기' 있다. 단 하나, 즉 항상 '여기'인 신체를 제외하고 말이다.[19]

나는 나를 둘러싸고 나와 관련해 (자아중심적) 공간이 그 자체로 펼쳐지는 중심이며, 이것이 후설이 모든 세계-경험은 우리의 체화를 따라 가능해진다고 한 이유이기도 하다.[20] 또한 이는 신체가 안정적인 방향의 중심 역할을 할 뿐만 아니라 이동성을 가지기 때문에 그런 것이기도 하다. 우리는 이리저리 돌릴 수 있는 머리를 두고 있고, 이리저리 움직일 수 있는 신체에 달린 눈 움직임으로 무엇을 본다. 정적 관점은 움직이는 관점의 제한적인 사례에만 해당하는 것이다. 우리가 보고 듣고 만지고 맛보고 냄새 맡는 것은 우리가 행하는 것과 할 수 있는 것에 의해 형성된다. 일상적 경험에서는 지각과 운동이 통합된다. 내가 스펀지 표면에 닿을 때, 스펀지는 손가락 운동의 경험과 함께 주어진다. 내가 무대 위 댄서의 움직임을 관찰할 때, 댄서는 내 머리 움직임의 경험과 연계해 주어진

---

19 Husserl 1989, p. 166.
20 Husserl 1989, p. 61.

다. 이 같은 논거는 메를로-퐁티와 사르트르에게서도 찾을 수 있다. 메를로-퐁티는 내가 세계를 지각할 때, 신체는 세계의 한가운데서는 지각되지 않는 항으로 드러나게 되고, 이 세계를 향해 모든 대상이 자신의 면을 전환한다고 적고 있다.[21] 나는 멀리 떨어져 세계를 관찰하지 않는다. 다만 나는 그 한가운데에 서 있고, 세계는 우리가 거기에 신체적으로 거주하는 방식을 따라 자신을 드러낸다. 사르트르는 공간이 어떻게 사용의 지시를 따라 구성되는지에 대해 말한다. 이 사용의 지시에서 개별 대상의 위치와 방향이 행동하는 주체와 연결된다. 지각되는 것은 가까운 것으로나 먼 것으로 지각되고, 접근 가능하고 탐구 가능한 어떤 것으로 지각된다. 칼이 탁자 위에 놓여 있다는 것은 내가 손을 뻗어 그것을 잡을 수 있다는 것을 의미한다. 신체는 모든 지각과 행동에서 작동한다. 그것은 우리의 관점과 출발점을 구성한다.[22]

> 지각의 장은 이 지시를 따라 객관적으로 정의되는 하나의 중심을 지시하는데, 이 중심은 그 주위에서 방향이 설정된 장 자체 안에 위치한다. 다만 우리는 이 중심을 지각의 장의 구조로 보는 것이 아니다. 우리가 그 중심이다. …… 따라서 나의 세계-내-존재는 그것이 하나의 세계를 현실화한다는 사실만으로도, 그것은 자신을 현실화하는 세계를 따라 세계-의-한복판-내-존재로서 자기 자신을 가리키게 되도록 일으킨다. 이 사례 이외의 다른 것은 있을 수 없다. 왜냐하면 나의 존재는 세계 내에 존재하는 것 이외에는 세계와의 접촉으로 들어가는 다른 길을

21 Merleau-Ponty 2012, p. 84.
22 Sartre 2003, p. 350.

가지지 않기 때문이다. 내가 존재하지도 않은 한 세계, 그리고 관찰하는 관조의 순수한 대상으로 나에게 존재할 그런 세계를 현실화하는 것은 나에게 불가능한 일일 것이다. 하지만 반대로 내가 세계에 존재하기 위해, 그리고 내가 세계를 초월할 수 있기 위해 세계 내에서 나 자신을 잃어버리는 것은 필연적인 일이다. 따라서 내가 세계 안으로 들어갔다, '세계에 도래한다'고 말하는 것 또는 거기 세계가 있다고 말하는 것, 내가 한 신체를 가진다고 말하는 것은 모두 같은 것이다.[23]

   신체가 다양한 형태의 지향성에서 결정적인 역할을 한다고 주장할 때 — 예를 들어 지각이 본질상 체화된 활동성이라고 주장할 때 — 중요한 점은 주체가 오직 신체를 가지는 경우에만 대상들을 지각할 수 있고 도구를 사용할 수 있다는 것이 아니라 주체가 신체, 즉 체화된 주체성으로 존재하는 경우에만 대상들을 지각할 수 있고 도구를 사용할 수 있다는 것이다.
   사르트르가 지적한 것처럼 우리는 신체에 관한 우리의 탐구를 궁극적으로 시신(corpse)에 관한 해부학적 연구에서 그 기원을 가지는 외부 생리학적 관점에 끌려가게 하지 말아야 한다.[24] 후설에 의해 이미 도입된 핵심적 구별은 여기 (1)모든 공간 경험을 동반하고 조건 짓는 우리의 근원적인 비주제적이고 선반성적인 살에 대한 자각과 (2)다음으로 이어지는 대상으로서의 신체의 주제적 경험 사이에 존재한다. 주관적으로 살아가는 신체와 다른 것들 가운데 대상으로 있는 신체를 구별하는 것은 필

---

23   Sartre 2003, p. 342.
24   Sartre 2003, p. 372.

수적인 일이다. 후설은 살(Leib)과 신체(Körper) 개념을 도입하는 반면에, 메를로-퐁티는 차후에 고유한 신체와 객관적 신체 사이를 구별한다. 후설이 주장한 것처럼 후자의 신체 자각 형태는 전자에 의존한다.

> 여기서 또한 사물들에 대한 모든 경험에서 살은 기능하는 살로 함께 경험되며(따라서 단순한 사물이 아니다), 그것이 그 자체가 하나의 사물로서 경험될 때, 그것은 이중의 방식으로, 즉 정확히 한 경험되는 사물로서, 그리고 함께 기능하는 살로서 경험된다는 점에 유의해야 한다.[25]

분명히 신체는 자신을 탐구할 수 있다. 신체는 그 자신의 신체를 (또는 다른 사람의 신체를) 탐구의 대상으로 삼을 수 있다. 이것이 생리학과 신경학에서 일반적으로 일어나는 일이다. 그러나 대상 신체에 대한 이러한 조사는 철저한 탐구가 아니며, 신체의 가장 근본적인 본성을 드러내지도 못한다. 대상으로서의 신체 구성은 탈육화한 주체가 수행하는 활동이 아니다. 그것은 체화된 주체에 의해 영향을 받는 자기-대상화다. 살은 지각된 신체에 앞선다. 근원적으로 나는 내 신체에 관한 의식을 전혀 가지지 못한다. 나는 그것을 지각하지 못한 채, 신체로 존재한다.[26]

대상으로서의 신체는 관찰자가 과학자, 의사 또는 심지어 체화된 주체인 자체 관찰자의 관점에서 신체가 어떻게 파악되는지를 포착하는 반면에, 주관적인 신체라는 개념은 1인칭 관점에서 신체가 살아가는 방식을 포착한다. 주체로서의 신체와 대상으로서의 신체 사이의 구별은 현상학적

---

25 Husserl 1973a, p. 57.
26 Sartre 2003, p. 347.

구별이다. 이 생각은 서로 다른 두 개의 신체를 가지고 있다는 것이 아니라 같은 신체를 서로 다른 방식으로 경험하고 이해할 수 있다는 것이다.

그런데 왜 촉각적으로 또는 시각적으로 탐구된 신체가 여전히 나의 고유한 신체의 외재성으로 경험될 수 있을까? 후설과 메를로-퐁티 둘 다 이른바 이중 감각(double-sensation) 또는 이중 만짐(double-touch)의 중요성을 강조한다. 왼손이 오른손에 닿으면 왼손이 오른손의 표면을 느낀다. 그러나 만진 오른손은 단순히 대상으로만 주어지는 것이 아니다. 왜냐하면 그것은 만짐 그 자체를 느끼기 때문이다.[27] 또한 오른손이 왼손을 만질 수 있으므로 만지는 것과 만져지는 것의 관계는 가역적이다.[28] 신체적 내재성과 외재성이 동일한 것의 다른 표현임을 보여주는 것은 바로 이 가역성이다. 이중 만짐의 현상은 결과적으로 우리에게 손의 두 역할, 즉 만지는 역할과 만져지는 역할을 번갈아가며 하는 애매한 설정을 제시한다. 즉 이중 감각 현상은 우리에게 신체의 이중적 본성에 대한 경험을 제공한다. 때때로 살신체(생생한 신체, Leibkörper)의 위치는 신체적인 자기 경험을 나타내기 위해 사용된다.

보통 우리 신체는 지향적 목적을 향해 나아가는 데 영향을 받는 경향이 있다. 우리는 일반적으로 우리의 운동을 명시적으로 의식하는 방식으로 감시하고 있는 게 아니다. 이것은 다행스러운 일이다. 만약 우리가 대상을 주의 깊게 인식하는 것과 같은 방식으로 우리 신체의 운동을 인식했다면, 우리의 신체는 우리 의식에 너무 많은 것을 요구해 우리의 일상을 방해했을 것이다. 내가 노트북에 글을 쓸 때, 나의 운동은 지향적인

27   Husserl 1989, pp. 152~53.
28   Husserl 1973a, p. 75.

대상으로 주어지지 않는다. 내 팔다리는 내 주의를 끌기 위해 경쟁하지 않는다. 만약 그랬다면 나는 글을 효과적으로 쓸 수 없었을 것이다. 물론 무언가가 잘못되면 상황이 바뀔 수도 있다. 드루 레더(Drew Leder)가 논의한 사례를 생각해보자. 당신이 테니스를 치고 있다고 상상해보라. 당신의 주의는 상대편의 위치뿐만 아니라 빠른 속도로 당신을 향해 가고 있는 공을 향한다. 강한 스매시가 가해진 공을 받아내기 위해 당신의 신체는 움츠려지는데 갑자기 팔이 날카롭고 강렬한 통증을 느끼게 된다. 당신이 공을 받아낼 멋진 기회는 사라졌고, 고통이 이제 당신의 모든 주의를 끌고 있다. 당신이 그것을 원하든 원하지 않든 간에, 그것은 당신의 관심을 끈다. 사실, 고통만큼 우리의 체화(우리의 상처 입을 가능성과 필멸성)를 상기시키는 것은 없을지도 모른다.[29] 더 일반적으로 말해 신체는, 우리가 보통 세계와의 습관적이고 매끄러운 상호작용이 방해를 받을 때, 의지적인 (철학적이거나 사변적인) 반성에서 또는 질병과 신체적 욕구, 탈진이나 고통으로 인해 우리에게 강요되는 반성에서 비롯하는 매우 근본적인 방식으로 현전한다.

이 체화 개념에서는 그 어떤 것도 마치 신체에 일련의 고정된 기술과 능력이 있는 것처럼 정적인 것으로 여기지 말아야 한다. 신체는 새로운 기술과 습관을 습득함으로써 감각 운동 레퍼토리를 확장할 수 있을 뿐만 아니라 인위적인 기관과 환경 일부까지 통합해 역량을 확장할 수 있다. 메를로-퐁티가 언급한 고전적인 사례는 시각장애인과 그의 지팡이에 관한 것이다.[30] 지팡이로 땅을 탐사할 때, 인간은 손에 든 지팡이가 아니

---

29 Leder 1990.
30 Merleau-Ponty 2012, p. 144.

라 자기 앞에 놓인 땅을 느낀다. 그것은 마치 감각하는 신체의 경계가 넓어지고 그 경계가 더는 피부에서 멈추지 않는 것과 같다.

이제는 분명해졌어야 할 것으로서 신체에 관한 현상학적 탐구는 많은 분석 가운데 하나의 분석에 불과한 것이 아니다. 마치 현상학이, 여러 종류의 대상에 대한 탐구에서, 우연히 신체를 발견하고, 이에 신체에 대한 더 많은 탐구를 시작한 것이 아닌 것처럼 말이다. 이와 반대로 후설과 프랑스 현상학자들은 우리 신체에 특별한 지위를 부여한다. 왜냐하면 신체는 그들에게 세계와의 관계와 타자들과의 관계, 그리고 우리 자신과의 관계에 깊이 관련하는 것으로 간주되기 때문이다.

현상학자들은 다음과 같은 고전적인 심신 문제에 대한 해결책을 제시하지 않는다. 신체는 어떻게 심장과 인과적으로 상호작용하는가? 그들은 우리의 세계 경험과 자신에 대한 경험, 타자에 대한 경험이 어느 정도로 우리의 체화로 말미암아 형성되고 체화의 영향을 받았는지를 이해하려고 한다. 그런데 이러한 초점의 변화를 통해 현상학자들은 처음부터 심신 문제를 정의하는 몇 가지 구별을 재고(再考)하고 의문을 제기한다. 체화의 개념과 체화된 마음 또는 마음화된 신체라는 개념은 둘 다 파생과 추상으로 간주되는 평범한 심신 개념을 대체하기 위한 것이다. 달리 말하면, 우리의 신체적 경험은 주관적인 것으로나 객관적인 것으로, 내적인 것으로나 외적인 것으로, 신체적인 것으로나 심리적인 것으로 깔끔하게 범주화될 수 없다. 후설은 신체가 '공간적 외면성이면서 주관적 내면성'이라고 쓰는 반면에,[31] 메를로-퐁티는 신체의 애매한 본성을 말하면서 신체적 실존이 순전히 생리학적인 것과 심리학적인 것을 넘어서는 제3의 범

31 Husserl 1977, p. 151.

주라고 주장한다.[32]

체화를 진지하게 받아들이는 것은 한 가지 이상의 방법으로 데카르트의 마음에 대한 견해에 이의를 제기하는 것이다. 체화는 탄생과 사망을 수반한다. 태어난다는 것이 그 자신의 토대가 되지는 않는다. 단지 그것은 자연과 문화, 양자 모두에 위치하는 것이다. 그것은 우리가 선택하지 않은 생리학을 소유하는 것이다. 그것은 우리가 확립해내지 못하는 역사적·사회학적 맥락 속에서 자신을 발견하는 것이다. 궁극적으로 탄생과 죽음이라는 쟁점은 탐구의 범위를 넓힌다. 그것들은 역사성과 세대계승성, 그리고 성의 역할로 주의를 환기한다.[33] 실제로 체화는 단순히 생물학적으로 주어진 것이라기보다 사회문화적 분석의 범주이기도 하다. 체화된 마음을 더 포괄적으로 이해하기 위해 우리는 지각과 행위에만 협소하게 초점을 맞출 수 없고 사회성을 고찰해야만 한다.

더 읽을 거리

- Sara Heinämaa, *Toward a Phenomenology of Sexual Difference: Husserl, Merleau-Ponty, Beauvoir*, Lanham: Rowman & Littlefield, 2003.

- Drew Leder, *The Absent Body*, Chicago: Chicago University Press, 1990.

- Dermot Moran, "Husserl, Sartre and Merleau-Ponty on Embodi-

---

32 Merleau-Ponty 2012, pp. 204~05.
33 Heinämaa, 2003.

ment, Touch and the 'Double Sensation'", In Katherine J. Morris (ed.), *Sartre on the Body*, Basingstoke: Palgrave Macmillan, 2010, pp. 41~66.

• Joona Taipale, *Phenomenology and Embodiment: Husserl and the Constitution of Subjectivity*, Evanston, IL: Northwestern University Press, 2014.

제8장 상호주관성과 사회성

현상학은 상호주관성이라는 주제의 어떤 점에 관심을 가지는가? 한 가지 빈번하게 진술되는 비판적 견지에서 말하자면, 현상학은 주체성에 몰두함으로써 상호주관성의 참된 의미를 현실화하는 데 실패했을 뿐만 아니라 근본적으로 이 주제를 만족스러운 방식으로 전달할 수 없었다.[1] 그러나 셸러, 슈타인, 후설, 하이데거, 구르비치, 사르트르, 메를로-퐁티, 레비나스 같은 인물들의 글을 면밀하게 검토했을 때, 그 비판은 매우 어긋난 것이다. 문제의 진실은 상호주관성이 현상학자들에게 절대적으로 중심적인 역할을 하는 것으로 다뤄진다는 점이다. 현상학의 첫 번째 철학자가 상호주관성(Intersubjektivität) 개념을 체계적이고도 광범위한 논의에 적용한 것은 우연이 아니다.

상호주관성과 사회성의 문제를 무시하기는커녕, 현상학적 전통은 풍부하면서도 꽤 다양하고 심지어 때로는 이 주제들에 대한 경쟁적인 설명을

---

1 Habermas 1992.

포함하고 있다. 이런 다양성에도 불구하고, 서로 다른 접근방식 가운데서도 다소간 공통적인 어떤 특징들을 지시하는 것은 여전히 가능한 일이다.

- 언어가 지닌 현격한 상호주관적 성격을 부인하지 않으면서 현상학자들은 종종 지각, 도구 사용, 감정 또는 신체 인식에 있어 선(先)언어적인 또는 언어 외적인 상호주관성의 형태를 발견하려고 노력해왔다.
- 현상학자들은 결단코 상호주관성을 3인칭 관점에서 포괄적으로 설명하고 분석할 수 있는 객관적 구조로 생각하지 않는다. 반대로 상호주관성은 주체들 사이의 관계이며, 이에 대한 완전한 분석은 1인칭 관점에 대한 참조와 탐구를 포함해야 한다.
- 많은 현상학자에게서 발견되는 중요한 아이디어 중 하나는 상호주관적 설명이 주체성과 세계 사이의 관계에 대한 동시다발적 분석을 필요로 한다는 것이다. 즉 이미 확립된 틀 어딘가에 상호주관성을 삽입하는 것만으로는 만족스럽지 않다. 오히려 '자기'와 '타자', 그리고 '세계'라는 세 차원은 함께 속해 있는 것으로 이들은 서로를 조명하고 있으며, 이것들이 온전히 이해되려면 그 상호연결성을 이해해야만 한다. 메를로-퐁티가 말하듯이, 주체는 내재해 있고 체화된 존재로 보여야만 하며, 또한 상호주관성이 다소간이라도 가능해지려면 세계는 공동 경험의 장(場)으로 여겨져야 한다.

이번 장(章)에서 이 풍부한 논의의 모든 측면을 다루는 것은 불가능하겠지만, 일단 유비 논증에 대한 비판적 평가라는 공통적인 논점을 살피면서 논의를 시작하고자 한다.

다른 마음들의 문제

몇몇 독해에서 상호주관성의 문제는 실제로 다른 마음들의 문제(problem of other minds)에 대한 또 다른 이름으로 간주할 수 있다. 이것이 왜 문제가 되는가? 왜냐하면 내가 직접적으로 접근할 수 있는 유일한 마음은 나 자신밖에 없기 때문이다. 이와는 대조적으로 타자의 마음에 내가 접근하는 것은 항상 그 또는 그녀의 신체적 행동의 매개를 거친다. 그런데 타인의 신체에 대한 지각은 어떻게 타인의 마음에 대한 정보를 나에게 제공할 수 있었는가? 이 문제를 해결하려는 고전적인 시도 중 하나는 유비 논증(argument from analogy)으로 알려져 있다. 나는 다른 신체들이 비슷한 방식으로 영향을 받고 행동한다는 것을 관찰하고, 따라서 나는 유비를 통해 외부 신체의 행동이 내가 한 경험과 유사한 경험과 관련이 있다고 추론한다. 나 자신의 경우에 뜨거운 물에 데는 것은 극심한 고통의 느낌과 관련이 있고, 이 경험은 비명을 지르는 꽤 판명한 행동을 낳는다. 다른 신체가 뜨거운 물에 데어 비명을 지르는 것을 보면 그들도 고통을 느끼고 있을 것으로 짐작된다. 따라서 유비에서 비롯하는 논증은 관찰된 공공의 행동에 숨겨진 정신적 원인으로 우리를 데려가는 것이 곧 가능한 최선의 설명 추론이라는 해석을 할 수 있다. 비록 이 추론이 나에게 타자들에 대한 의심의 여지가 없는 지식을 제공하는 것은 아니고, 다른 마음을 나에게 현실적으로 경험하게 하는 것은 아니지만, 그것은 적어도 타자의 마음을 부정하는 것보다 그 존재를 믿을 수 있는 더 많은 근거를 제공한다.

타자들에 대한 우리의 이해에 관한 이러한 설명방식이 현상학자들의 열정을 정확히 충족하지는 못했다. 그들은 모두 유비 논증을 비판해왔다.

비판은 다각도로 이루어졌지만 셸러의 저작 『동감의 본질과 형태』와 메를로-퐁티의 논고 「타자들과 아이의 관계」에서 우리는 핵심적인 반대 견해를 발견한다.

셸러와 메를로-퐁티가 지적한 것처럼 타자들에 대한 우리의 이해가 본질상 추론적이라고 주장하는 유비 논증은 인지적인 것에 치우친 너무 까다로운 설명을 택한다. 유아들(비인간 동물은 말할 것도 없고)은 이미 처음부터 표정, 자세, 억양에 민감하게 반응한다. 그러나 아이가 행복할 때 만들어지는 얼굴의 움직임을 타자의 웃음의 시각적 표현과 비교해내고, 또한 자신이 느낀 행복을 타자의 신체의 보이지 않는 내면성에 투사한다고 말하는 것은 심리학적으로 그다지 개연성이 없는 설명이다.[2]

셸러와 메를로-퐁티가 동시에 제기하는 또 다른 우려는 다음과 같다. 유비 논증이 성공하기 위해서는 내 고유한 신체가 나에게 주어지는 방식과 타자의 신체가 나에게 주어지는 방식 사이의 유사성에 의존해야 한다. 그러나 나에게 내부 감각 수용적으로 그리고 자기 수용적으로(intero- and proprioceptively) 느껴지는 것으로서의 나의 고유한 신체는 내게 시각적으로 현전하는 것으로서의 타자의 신체와 한 점 한 점 일치하는 것이 아니다. 사실, 나의 웃음이나 비평과 누군가의 웃음이나 비평 사이의 유사성을 내가 감지한다면, 나는 더욱 총괄적인 관점을 채택할 필요가 있다. 나는 신체적 몸짓을 표현적 현상으로, 단순히 물리적 운동이 아닌 기쁨이나 고통의 현시로 이해해야만 한다. 그런데 만일 이러한 이해가 유비 논증을 성공시키는 데 필요하다면, 그 논증은 그것이 결론으로 정립해야 할 것을 전제로 삼는다. 달리 말해 우리는 우리가 이미 정

---

2 Scheler 2008, p. 239.

신적 생명체들과 마주하고 있다고 확신하고 있을 때, 단지 우리가 문제가 되는 표현적 현상들을 어떻게 정확히 해석할지 확신하지 못할 때 유비적 추론과정을 사용한다.[3]

이러한 초창기 고찰이 있은 다음, 셸러와 메를로-퐁티는 자신들의 비판을 더 깊이 파고든다. 셸러는 그의 관점에서 유비 논증이 가지는 두 가지 중요한 전제에 의문을 제기한다. 첫째, 그 논증은 나의 출발점이 나의 의식이라고 가정한다. 이것은 나에게 주어진 것이 꽤 직접적이고 매개되지 않는 방식으로 주어진 것이며, 그것은 타자들의 인식을 전개하고 가능하게 하는 순수하게 정신적인 자기-경험이다. 우연적으로 이것은 우리가 이미 자기 자신 안에서 경험한 타자들의 심리 상태를 이해할 수 있다는 것을 암시한다. 둘째, 그 논증은 우리가 한 다른 인격의 마음에 절대로 직접 접근하지 못한다는 점을 가정하고 있다. 우리는 결코 그녀의 생각이나 감정을 경험할 수 없다. 우리는 단지 그것들이 우리에게 현실적으로 현전하는, 즉 그녀의 신체적 행동을 기반삼아 존재해야만 한다는 것을 추론할 수 있을 뿐이다. 이 두 가지 가정이 완전히 명백해 보일지라도 셸러는 이 둘을 모두 거부한다. 그가 지적했듯이, 철학자로서 명백한 것에 의문을 제기하는 것은 우리의 의무다. 우리는 어떤 이론이 주어질 수 있는 것을 지시하도록 놔두지 말고 실제로 주어지는 것에 주의를 기울여야 한다.[4] 셸러의 관점에서 유비 논증은 타자들의 경험에 관련된 어려움을 과대평가하고 자기 경험에 관련된 어려움은 과소평가한다.[5] 우리는 타

---

3 Gurwitsch 1979, pp. 14, 18.
4 Scheler 2008, p. 244.
5 Scheler 2008, pp. 250~52.

인에 대해 직접적으로 인식될 수 있는 것을 무시해서는 안 되며, 또한 우리의 고유한 경험의 체화적이고 내재화된 성격을 도외시하지 말아야 한다. 이에 셸러는 우리의 첫 자기-만남이 우리 자신의 표현적 움직임과 행동에 대한 경험에 앞서 일어나는 순수하게 정신적인 성격을 가진다는 것과 타자들로부터 고립되어 일어난다는 것을 부정한다. 그는 타자들과 우리의 기초적인 만남이 본질상 추론적이라는 것도 부인한다. 그의 주장대로 상호주관적 이해가 두 단계의 과정이고, 그 첫 단계가 무의미한 행동에 대한 지각이며, 두 번째 단계가 지성적으로 심리학적 의미의 속성을 기반으로 삼고 있다고 주장하는 것에는 매우 큰 문제가 있다. 그러한 설명은 우리에게 행동만이 아니라 마음에 관해서도 왜곡된 상을 보여준다. 우리가 행동을 기술하기 위해 심리학적 용어를 사용하고 순전한 운동의 관점으로 행동을 기술하기가 어려운 것은 우연이 아니다. 대부분의 경우에 어떤 현상을 심리적인 측면과 행동적인 측면으로 깔끔하게 나누는 것은 꽤 어려운(그리고 인위적인) 일이다 ―고통의 신음, 악수, 포옹을 생각해 보라. 그와는 반대로 얼굴을 마주하는 경우에 우리는 단순한 몸이나 숨겨진 정신에 직면하는 것이 아니라 통일된 전체와 직면하게 된다. 셸러는 때때로 '표현적 통일성'에 대해 말한다. 그 후 추상의 과정을 통해 이 통일성은 분열될 수 있고, 그다음 우리의 관심은 '내부' 또는 '외부'로 전개될 수 있다.[6]

우리는 메를로-퐁티에게서 비슷한 고찰을 발견하는데, 그는 분노, 수치심, 증오, 사랑만이 아니라 타자의 의식 밑바닥에 숨겨져 있는 정신적 사실들도 바깥에서 보이는 행동이나 행동 양식이라고 주장한다. 그러한 감

6 Scheler 2008, p. 261.

정들은, 메를로-퐁티가 표현하듯이, 얼굴이나 몸짓으로 존재하며 그 배후에 숨겨진 것은 아무것도 없다.[7] 간단히 말해 그것들은 신체적인 몸짓과 행위로 표현되어 타자들에게 노출된다. 또한 메를로-퐁티는 우리가 타자들과 어떻게 관계를 맺느냐 하는 것에 만족스러운 해결책을 제공할 수 없는 고전심리학의 무능은 그것의 전체 접근방식이 어떤 의문시되지 않고 정당하지도 않은 철학적 편견에 기초하고 있기 때문이라고 주장한다. 이 편견 가운데 가장 대표적인 것은 경험적 삶이 한 인격, 즉 인격을 소유한 개인에게만 직접적으로 접근 가능하고, 한 사람이 한 타자의 정신에 접근할 수 있는 유일한 방법은 그 또는 그녀의 신체적 나타남에 의해 간접적으로 매개되는 것이라는 근본적 가정이다.[8] 하지만 메를로-퐁티는 나의 경험적 삶이란 나 이외에는 누구도 접근할 수 없는 일련의 내적 상태라는 생각을 거부한다. 오히려 그의 관점에서 보면 우리의 경험적 삶은 무엇보다도 세계와의 관계이며, 이 세계를 향한 이 행동관계 속에서 나 역시 타자의 의식을 발견할 수 있을 것이다. 그는 "타자에 대한 관점은 내가 그와 나 자신을 세계에서의 '행동'으로 정의하는 순간부터 나에게 열린다"고 말한다.[9] 메를로-퐁티는 결과적으로 우리가 타자들과 관계를 맺고 타자들을 이해하는 방식을 이해하려면 심적인 것에 대한 우리의 개념을 다시 정의할 필요가 있다고 주장한다.

일반적으로 현상학자들은 타자들을 이해하는 문제와 상호주관성의 물음에 체화된 지각으로 접근했다. 우리는 타자의 신체적 현전에 대한 지

---

7 Merleau-Ponty 1964b, pp. 52~53.
8 Merleau-Ponty 1964c, pp. 113, 114.
9 Merleau-Ponty 1964c, p. 117.

각이 물리적 사태에 대한 우리의 지각과 다르다는 인식에서 출발한다. 타자는 그 또는 그녀의 살로서의 신체적 현전, 능동적으로 세계에 관여하는 신체로서의 신체적 현전 가운데 주어진다. 사실, 사르트르도 지적한 것처럼 타자의 신체와 나의 일상적 만남이 생리학적으로 묘사된 일종의 신체와의 만남이라고 생각하는 것은 결정적인 오류다. 타자의 신체는 항상 바로 그 신체의 행위와 표현성에 의해 공동-규정되는 어떤 상황이나 의미 맥락에서 내게 주어진다.[10]

공감

유비 논증에 대한 비판은 여러 현상학자 사이의 합의점을 구성한다. 또한 후설과 슈타인을 포함한 몇몇 사람들은 타자들에 대한 우리의 이해가 그들이 공감(empathy, Einfühlung*[감정이입/타자경험])이라고 부르는 독특한 지향성의 형태에 해당한다고 주장한다.[11]

---

10 Sartre 2003, p. 369.
* 'Einfühlung'은 통상 사전적 용례를 따라 감정이입으로 번역되었으나, 최근에 공감 내지 타자경험 등으로 번역되기도 한다. 이는 감정이입이 후설의 상호주관성 논의에서 다채롭게 펼쳐지는 주체와 타자의 관계 기술을 협소하게 감정의 문제로 축소한다는 문제의식을 반영한 것이다. 독자들은 이 점을 염두에 두고 해당 부분을 읽어나가면 좋겠다. 여기서는 자하비가 'Einfühlung'과 거의 같지만 설명의 용도로 타자-경험이나 타자-지각이라는 표현을 따로 사용하고 있으므로 문맥상 '공감'이라고 번역했다. 하지만 이런 본문의 문맥에 대한 고려 이외에도 공감이란 용어는 일정한 장점을 갖고 있다. 우리 문화의 일상적 차원에서 공감은 비단 타자의 감정만을 함께 느끼는 것만을 뜻하지 않는다. 그것은 타인의 감정만이 아니라 그가 처한 상황이나 입장, 의견, 믿음을 함께 느끼고, 함께 고려하고, 함께 지각하며 배려한다는 의미로도 사용된다. 이런 점에서 공감이라는 번역어는 타자경험과 더불어 감정 상태만을 떠올리게 만드는 감정이입이라는 기존의 번역어에 대한 또 다른 대안이 될 수 있을 것이다.
11 Stein 1989 참조.

현상학자들에게 공감이란 감정의 전이, 상상력을 기반으로 삼아 관점을 취하는 것, 동감(sympathy), 연민(compassion)과 관련되는 것이 아니다. 오히려 그들은 공감을 지각을 기반으로 삼은 타자-이해(other-understanding)의 기초적인 형태, 즉 다른 더 복잡하고 더 간접적인 형태의 상호인격적 이해가 전제하고 의존하는 형태로 간주한다. 결과적으로 그들은 종종 공감이라는 용어를 타자-경험(other-experience)이나 타자-지각(other-perception)과 같은 말과 상호교환적으로 사용했다.[12] 그들의 견해에 의하면, 타자의 부재시 타자에 관해 어떤 믿음을 가지고 있든지 간에, 사람들은 공유되지 않는 직접성과 즉각성을 가진 얼굴 대(對) 얼굴의 공감적 만남에서 타자의 경험적 삶과의 교감을 얻을 수 있다.

하지만 타자에 대한 경험적 삶은 참으로 우리 자신의 삶만큼 우리에게 직접적으로 주어지는 것일까? 메를로-퐁티가 주장하듯이, 비록 나는 그 또는 그녀의 행동에서 타자의 슬픔이나 분노를 그 얼굴이나 손에서 느낄 수 있지만, 타자의 슬픔과 분노는 결코 그것들이 그에 대해 가지는 것과 같은 의미를 갖지는 못할 것이다. 나에게 이런 상황들은 보여지는 것이지만, 그에게는 생동하는 것이다.[13] 공감이 지닌 직접적이고 비매개적인 성격에도 불구하고, 내가 타자와 공감할 때 내가 인지하는 것과 타자가 경험하는 것 사이에는 항상, 그리고 필연적으로 차이가 남을 것이다. 예를 들어 공감과 관련해 만일 어떤 감정이 당신 자신의 감정이라면, 그 감정을 경험하는 방식은 타자의 감정을 경험하는 것과는 결과적으로 다르다. 이것은 또한 현상학자들이 공감을 문자적으로 타자의 경험을 우리

---

12 Husserl 1960, p. 92; Scheler 2008, p. 220.
13 Merleau-Ponty 2012, p. 372.

자신의 마음에 전달하는 것과 관련한다는 의미로 쓰기를 거부하는 이유이기도 하다. 공감의 특징은 바로 공감된 경험이 자신이 아닌 타자에 자리 잡고 있다는 것이다. 공감은 타자들의 타자성을 없애지 않는 외부 경험을 목표로 삼는다. 자기와 타자의 구별을 모호하게 하기보다, 일종의 융합이나 병합된 인격 동일성의 의미로 나아가기보다 자기-경험과 타자-경험 사이의 비대칭성이 공감에 대한 설명에서는 결정적인 것이 된다. 이 것이 바로 후설이 공감을 참된 초월을 마주하게 하는 것이라고 말하고, 공감에서의 우리 의식이 자신을 초월하는 전적으로 새로운 종류의 타자성과 직면하는 것이라고 쓴 이유이기도 하다.[14]

우리가 타자들을 경험할 수 있고, 그 결과로 추론과 모방 또는 투사에 전적으로 의존할 필요가 없다고 주장할 때, 이것은 우리가 자신이 행하는 것과 정확히 같은 방식으로 타자를 경험할 수 있다는 것을 의미하지 않으며, 타자의 의식이 우리 자신의 의식에 대한 접근과 정확히 같은 방식으로 우리에게 접근 가능하다는 것을 의미하지도 않는다. 하지만 내가 한 타자의 얼굴 표현이나 유의미한 행동을 경험할 때, 나는 여전히 외부적 주체성을 경험하고 있으며, 그것을 단순히 상상하거나 시뮬레이션하거나 이론화하지 않는다. 내가 착각하고 속일 수 있다는 사실은 접근의 경험적 성격에 반하는 논증이 아니다. 더욱이 타자들의 마음으로의 나의 경험적 접근이 나의 마음으로의 경험적 접근과는 다르다는 사실이 불완전함이 되거나 결점이 될 필요는 없다. 반대로 우리가 경험하는 마음이 타자의 마음이라고 주장할 수 있는 것은 이 차이, 바로 이 비대칭 때문이다. 후설이 지적한 것처럼 타자에 대한 의식이 나의 의식과 같은 방식으

---

14 Husserl 1973a, pp. 8~9, 442.

로 나에게 주어진다면, 타자는 타자가 되기를 멈출 것이고, 그 대신에 나 자신의 일부가 될 것이다.[15] 실제로 쟁점이 되는 것을 포착하는 더 정확한 방법은 우리가 다른 주체들을 경험적으로 마주할 때, 우리가 항상 우리의 이해력을 능가하는 주체로서의 타자들을 마주한다고 말하는 데서 비롯할 수 있다. 그러므로 타자의 주어짐은 가장 독특한 유에 속한다. 타자의 타자성은 바로 그 또는 그녀를 파악할 수 없음에서 드러난다. 레비나스가 살핀 바와 같이, 타자의 부재가 바로 타자로서의 그의 현전이다.[16] 말하자면 타자의 마음에는 우리가 파악하고 있는 것 그 이상의 것이 있지만, 이것이 우리의 이해를 비경험적으로 만들지는 않는다.

다른 이의 체화적인 내장된 경험과의 경험적 만남의 가능성을 허용함으로써 현상학자들은 이른바 마음 이론의 논쟁 내에서, 이를테면 마음에 대한 이론-이론(theory-theory)과 마음에 대한 시뮬레이션 이론 (simulation theory)이 지배적 위상을 차지하는 것에 반대한다. 두 입장 모두 타자들의 마음을 경험하는 것이 가능하다는 것을 부정한다. 이론적인 추론이나 내적 시뮬레이션 중 하나에 의존하고 그것을 도입할 필요가 있다고 하는 것은 바로 다른 마음에 대한 경험적 접근의 부재 때문이다. 이와는 대조적으로 현상학자들은 우리가 마음을 가진 존재로서, 그리고 마음 상태나 경험을 표현하는 신체적 몸짓과 행위를 지닌 존재로서 직접적으로 타자를 경험할 수 있다고 주장할 것이다.[17]

---

15 Husserl 1960, p. 109.
16 Levinas 1987, p. 94.
17 마음 이론 논쟁에서 사회적 인지에 대한 현상학적 접근과 주류 입장 간의 차이에 대한 상세한 내용은 Gallagher 2007; Zahavi 2011 참조.

더불어-있음

많은 현상학자가 공감에 결정적인 중요성을 부여했지만, 모든 사람이 이에 동의하는 것은 아니다. 공감의 중요성에 회의석이었던 현상학자가 바로 하이데거였다. 하이데거가 보기에 공감 개념은 한 (고립된) 주체가 다른 (고립된) 주체를 어떻게 만나고 이해할 수 있는지를 설명하기 위해 도입된 것이다.[18] 그의 견해에 따르면, 이 접근법은 상호주관성의 본질을 근본적으로 잘못 생각하고 있는데, 그것은 개인들 간의 주제적 만남을 가장 우선시하고 가장 중요한 것으로 간주하면서 타자의 감정이나 경험을 파악하려고 한다(이 의미는 공감의 독일어 단어인 'Einfühlung'에서 특히 명백하게 드러난다). 그러나 하이데거가 지적했듯이, 타자들의 경험을 주제적으로 파악하려는 바로 그 시도는 규칙이라기보다 예외다. 보통 우리는 타자를 인식의 주제적 대상으로 마주하지 않는다. 오히려 일상적 삶이 일어나는 세상에서 그들을 만나거나, 더 정확하게 말하면 세계의 상황에서 타자들을 마주하고 더불어 있으며, 함께 존재하면서 서로를 이해하는 방식은 그런 마주함의 의미에서 인접한 상황을 따라 함께 규정된다. 사실, 우리의 실천적 염려의 일상적 삶에서 우리는 끊임없이 타자들과 함께 존재한다. 우리는 공공의 세계에 살고 있고 우리가 하는 일, 우리가 사용하는 도구, 우리가 추구하는 목표는 그것이 사실적으로 존재하는지와는 무관하게 다음과 같은 타자들에 대한 지시를 모두 포함한다. "내가 걸어가고 있는 잘 경작되지 않은 땅이 그 땅의 소유자나 소작농을 대신 나타낸다. 정박하고 있는 범선은 특별히 그 배에서 여행하는 사람을 대신 나타내고

---

18 Heidegger 2001, p. 145.

있다."[19] 실제로 무엇보다 현존재는 세계가 나중에 부가되는 세계 없는 주체가 아니다. 마찬가지로 현존재는 우연히 다른 사람이 나타나기 전까지 혼자 있는 존재인 것도 아니다. 결과적으로 나와 너라는 이 두 최초의 독립적 자아 사이에 다리나 연결고리가 만들어져야 한다는 제안은 근본적인 오해다. 공감을 통해 메워져야 하는 틈새는 없다. 왜냐하면 현존재의 세계-내-존재의 기본 구성요소 자체가 더불어-있음이기 때문이다.

> 한 주체가 그 자신 안에 요약되어 있고, 이제 다른 주체와 공감해야 하는 과제를 갖게 되었다고 가정한다. 이렇게 물음을 공식화하는 방식은 터무니없다. 왜냐하면 여기서 상정되는 의미에서의 주체란 절대 존재하지 않기 때문이다. 만일 그 대신 존재하는 현존재에 대한 구성이 아무 전제 없이 내-존재로 간주되고, 동시에 무전제적인 일상성의 직접성 안에서의 더불어-있음으로 간주된다면, 공감의 문제가 외부 세계의 실재에 관해 묻는 것만큼이나 부조리한 것이라는 게 명백해지게 된다.[20]

하이데거의 비판은 세 가지 중요한 쟁점을 강조한다. 첫째, 그것은 상호주관성에 관한 현상학적 탐구가 단지 얼굴 대 얼굴의 만남에만 초점을 맞출 수 없다는 것을 분명히 보여준다. 둘째, 그것은 가장 근본적인 것에 관한 물음, 즉 구체적인 얼굴 대 얼굴의 만남이나 공유된 세계에서의 삶에 관한 물음을 제기한다. 셋째, 그것은 우리에게 상호주관성의 만족스러운 설명이 자기와 타자 사이의 차이에 대해 강조해야 하는지, 아니면 그

---

19 Heidegger 1985, p. 240.
20 Heidegger 1985, p. 243.

차이를 제거해야 하는지를 고찰하기를 요구한다.

1. 첫 번째 쟁점에 대해서, 하이데거만이 이것을 깨달은 유일한 현상학자였던 것은 아니다. 사르트르가 설명하듯이, 의심할 여지 없이 도구들은 그것들이 누군가에 의해 제작되었고, 누군가에 의해 사용되는 신체적 타자들의 다수성을 지시한다.[21] 이런 식으로 타자들의 공존이 물질을 돌보고 도구를 활용하는 우리의 활동에 함께 내포되어 있다. 세계-내에-존재함으로써 우리는 끊임없이 타자들에 의존한다.

> 나의 이웃이 출몰하기 마련인 세계에 산다는 것은 단순히 모든 길목에서 타인을 만날 수 있다는 것만을 뜻하지 않는다. 그것은 또한 나의 자유로운 기획투사가 처음에 부여했던 것이 아닌 하나의 의미를 가질 수 있는 도구-복합체로 이루어진 세계에 관여되어 있다는 것이다. 또한 그것은 이미 의미와 더불어 제시되는 이 세계의 한복판에서 내가 나의 것이면서 나 자신에게는 부여하지 못했으면서 내가 '이미 소유하고 있음'을 발견하는, 하나의 의미와 내가 만난다는 것을 뜻한다.[22]

따라서 세계 내 사용 대상의 존재는 주체들의 공동체 내의 우리 구성원을 나타낸다. 나의 도구나 장비 사용, 나의 가장 직접적인 목적은 누군가의 목적이기도 하다. 나는 나의 이웃 어느 누구와도 상호교환 가능한 것으로 나 자신을 파악하며, 그들과 나 자신을 구별하지 않는

---

21 Sartre 2003, pp. 363, 365.
22 Sartre 2003, p. 531.

다. 궁극적으로 익명의 소비자, 즉 순전한 '누군가'와 관련해서 타자들에 의해 제작된 도구를 내가 사용할 때마다 나는 나 자신의 개별성을 잃는다. 신발 한 켤레를 신어보거나, 병을 꺼내거나, 엘리베이터에 올라타거나, 극장에서 웃을 때마다 사르트르가 말한 것처럼 나는 나 자신을 '누군가'로 만들면서 존재한다.[23]

이와 관련된 사상은 후설에서도 찾아볼 수 있는데, 그는 이미 『이념들 2』에서 타인으로부터 비롯된 경향들에는 관습과 전통에 의해 만들어진 불확실한 일반적인 요구들이 존재한다는 사실을 지적했다. 곧 '아무개'(one)는 판단하고, '아무개'는 이러저러한 방식으로 포크를 잡는다 등과 같은 것 말이다.[24] 나는 타인들로부터, 그리고 사실 처음에는 대부분 나와 가장 가까운 사람들로부터, 곧 나와 함께 자란 사람들, 나를 가르치는 사람들, 그리고 내 인생에서 가장 친밀한 영역에 속하는 사람들로부터 정상적인 것으로 간주되는 것을 배운다. 이런 식으로 나는 공동의 전통에 참여하게 된다. 후설은 정상적 삶(normal life)을 세대 간 삶(generative life)으로 지시하며, 모든 (정상적) 인간 존재가 역사적으로 오래 지속된 공동체의 구성원으로 구성되었기에 역사적 존재라고 진술한다.[25] 결국 각각의 새로운 세대는 이전 세대들의 노동을 통해 구성되었던 것을 계승하고, 이 유산을 다시 형성함으로써 전통의 공동체적 통합의 구성에 그들의 고유한 기여를 하게 된다. 공동체와 공동체화는 본질상 그들 자신을 넘어 세대들의 연쇄라는 끝없는 열림을 가리키

---

23 Sartre 2003, p. 448.

24 Husserl 1989, pp. 281~82.

25 Husserl 1973b, pp. 138~39, 431.

며, 이는 다시 인간 실존 자체의 역사성을 가리킨다.

2. 두 번째 쟁점에 대해서는 슈츠가 균형 잡힌 견해를 제시한다. 슈츠는 직접적인 얼굴 대 얼굴의 만남을 고찰하며, 또한 이를 우리-관계라고 칭하기도 하는데, 상호인격적 이해의 다른 모든 형식은 이런 종류의 만남으로부터 그 타당성을 도출한다는 점에서 기초적인 만남이다.[26] 하지만 그가 계속 강조하듯이, 상호인격적 이해는 많은 형태와 모양으로 나타나며, 우리가 이 다양성과 복잡성에 대해 정의를 내리고자 한다면, 우리는 공감에 대한 좁은 초점이 전달할 수 있는 바를 넘어서야만 한다. 타자들에 대한 우리의 이해는 결코 진공 상태에서 일어나지 않는다. 그것은 단편의 형태를 취하지 않는다. 일상적으로 우리는 항상 타자와의 만남에 대한 지식의 전모를 가져오는데, 더 일반적인 종류의 지식만이 아니라 종종 문제시되는 특수한 인격에 관한 지식, 그 인격의 습관, 관심 등에 대한 지식도 가져온다.[27] 이러한 지식은 심지어 직접적인 사회적 상호작용의 경우에 해석적 도식 역할을 하기에 이른다.

결과적으로 하이데거가 제시한 비판의 논점을 받아들일 수도 있고, 또한 여전히 공감 개념이 유용하다고 생각할 수도 있다. 우리는 우리의 타자들에 대한 전형적 이해가 맥락적이라는 것을 깨달아야 하고, 적절하게 이해된 공감 개념이 자신을 타자에게 자유롭게 투사하는 것이 아니라 마음의 표현인 행동을 경험하는 능력, 예를 들어 타자들의 표현적 행동과 유의미한 행위에서 타자들의 마음의 삶에 접근하는 능력이

---

26 Schutz 1967, p. 162.
27 Schutz 1967, p. 169.

라는 것을 깨달아야 한다.

3. 마지막 쟁점과 관련해서 사르트르는 결국 하이데거의 접근에 대해 혹독한 비판의 목소리를 냈다. 얼굴 대 얼굴의 만남을 폄훼하거나 무시하는 것과 우리의 일상적인 서로-더불어-있음이 익명성과 대체 가능성 — 하이데거가 말한 대로 타자들이 우리 가운데 존재하는 이들이지만, 이들로부터 "사람들은 서로를 구별해내지 못한다"[28] — 으로 특징지어지는 차원을 강조하는 것은, 사르트르에 의하면 실제로 상호주관성에서 어떤 중요한 것, 곧 근본적 타자성과의 만남과 직면이라는 차원을 놓치고 있다. 사르트르가 타자성과 타자의 초월을 부각한 것은 후에 레비나스에 의해 더 철저해지는데, 레비나스는 하이데거가 타자성과 타자의 차이를 존중하고 인정하는 데 실패하는 전체화의 설명방식을 제공했다고 공격했다.[29] 레비나스는 자신의 저작에서 나와 타자의 만남은 개념화될 수도, 범주화될 수도 없는 것이라고 주장했다. "만일 우리가 타자를 소유하고, 파악하고, 인식할 수 있다면, 그것은 타자가 아닐 것이다."[30] 다른 사람과의 만남은 형언할 수 없는 타자성과의 만남이다. 그것은 나의 힘으로는 어떤 것으로도 조건지어지지 않으며, 단지 방문과 현현, 또는 계시의 성격을 갖는 만남이다. 그 후, 레비나스는 타자와의 진정한 만남은 지각적이거나 인식적인 것이 아니라 본질상 윤리적이라는 점을 논증해냈다.[31]

---

28 Heidegger 1996, p. 111.
29 Levinas 1969, pp. 45~46, 67~68, 89.
30 Levinas 1987, p. 90.
31 Levinas 1969, p. 43.

레비나스와 사르트르의 관점에서 상호주관성에 대한 설명은, 만약 그것이 자기와 타자의 차이를 제거하는 것이라면 실패하고 말 것이다. 다른 현상학자들의 경우, 자기와 타자의 환원할 수 없는 차이를 지나치게 강조하는 것은 단적으로 그들의 관계와 연결을 파악할 수 없게 만든다. 이 난점이 시사하듯이, 상호주관성에 대한 현상학적 설명이 직면한 결정적 과제 중 하나는 자기와 타자의 유사성과 차이 사이의 적절한 균형을 찾는 것이다.

공동체

우리가 사회성에 관한 현상학적 연구에서 발견한 것이 그저 우리가 어떻게 서로를 이해하게 되었는지에 대해서만 논의하는 것은 아니다. 이 초기의 작업은 점차 더 큰 집단의 형성에 대한 풍부한 논의를 낳았고 결국 공동체의 삶에 초점을 맞춘 탐구로 귀결되었다. 흥미롭게도, 그리고 아마도 방금 제시된 다른 견해를 고려할 때, 여기서 두 가지 상이한 현상학적 접근을 추적해볼 수 있다. 우리는 공동 경험과 우리-관계가 특정한 형태의 상호인격적 이해에 뿌리를 두고 있다고 주장하며, 또한 다양한 집단 형성에 대한 적절한 현상학적 설명은 결과적으로 개인들이 어떻게 경험적으로 상호연관되는지에 대한 탐구를 요구한다고 주장한다. 또 다른 하나는, 양자적 얼굴 대 얼굴 관계를 특권화하는 것은 공동체적 삶에 관한 진정으로 특징적인 어떤 것을 놓치게 된다는 것을 주장한다.

이 두 가지 경쟁적 견해를 차례로 제시하면서 논의해보자. 이미 보았듯이, 셸러는 타자들의 신체적 표현성에 지각적으로 현시되는 것으로서의 타자들의 정신적 삶을 직접적으로 이해하는 우리의 능력을 우리가 때때로 도입하는 유비적 추론이라는 조금 더 간접적 형식으로부터 구별해 낸다. 셸러는 그의 저작인 『동감의 본질과 형태』에서 다양한 유형의 감정 의 관련성에 대한 세분화된 분류를 제시하고, 다음과 같은 사안 간의 차 이를 강조한다.

- 타자들의 감정 상태, 그들의 기쁨이나 두려움에 의해 영향을 받거 나 (전이되는) 감정의 전이, 즉 기쁨이나 두려움
- 타자들의 감정 상태에 대한 감정적 반응인 동감
- 우리의 공동-주체와 함께 감정을 경험하는 것을 포함하는 감정적 공유[32]

『윤리학에서 형식주의와 비형식적 가치윤리학』에서 셸러는 이러한 구 별로 되돌아가지만, 이제는 그것들이 또한 다른 사회적 단위에서 작용하 고 있으며, 철학적 사회학의 임무는 이러한 서로 다른 집단 형성이 어떻 게 상호연관되어 있는가를 해명하는 이론을 개발하는 것이라는 점을 덧 붙인다. 예를 들어 셸러는 감정 전이의 지배를 받게 되는 군중, 그리고 그 가 유비적 추론을 도입해 도구적으로 서로 연관된 불신하는 개인들의 인 위적 통일체로 간주하는 단체적 모임, 감정 공유, 신뢰, 상호성으로 특징 지어지는 공동체를 구별해낸다.[33] 다양한 형태의 상호인격적 관계와 이해 에 대한 세심한 조사와 분석은 결과적으로 사회적 형성의 현상학을 향 한 중요한 디딤돌로 받아들여진다.

---

32 Scheler 2008, pp. 8, 12~13, 15.
33 Scheler 1973, pp. 525~29.

셸러의 공동체와 사회 사이의 구별은 게르다 발터(Gerda Walther)의 저작에서도 찾을 수 있다. 발터는 제휴를 순수한 전략적 고려사항이나 도구적 고려사항을 가지고서 서로 힘을 합치기로 한 개인의 집합으로 정의한다. 대조적으로 공동체는 각기 그들 자신과 타자들을 우리의 일원으로 이해하고 연대의 유대감으로 함께 묶인 개인들에 의해 형성된다. 더 구체적으로 발터는 공동체에 관한 현상학적 탐구가 어떻게 공동체의 경험을 고찰해야 하는지, 그리고 어떻게 후자가 그 구성원들 사이의 내적 유대감, 함께함의 느낌 또는 상호통합을 수반하는지를 이야기한다. 발트허가 쓴 것처럼 "그들끼리 내적 유대감을 가지고 있고, 느슨하고 제한적이더라도, 함께함이라는 느낌이 있어야만 하나의 공동체로 변형된 사회적 형성이라 할 수 있다".[34]

그런데 어떻게 이런 내적 유대감이나 통합이 생겨났을까? 발터 자신의 탐구가 이전의 현상학자들이 제공한 공감 분석을 전제로 삼으면서 어느 정도 그것을 기반으로 삼고 있음을 명시적으로 인정하는 대목이 여기서 드러나고 있다.[35] 더 구체적으로 그녀는 어떻게 공동체의 경험이 나나 너의 것이 아니라 상호공감의 상호작용 결과로서 우리의 것으로 느끼게 되는지를 논한다.[36]

특별한 종류의 상호공감이 하나의 우리-관점(a we-perspective)의 발전에 결정적인 역할을 할 수 있다는 생각은 후설에게서도 발견될 것이다.

1920년대 초와 1930년대 원고에서 후설은 순차적·경험적으로 나 자

---

34 Walther 1923, p. 33.
35 Walther 1923, p. 17.
36 Walther 1923, p. 85.

신을 향하는 타자에 대한 공감적 경험, 즉 나의 타자 경험이나 자신에 대한 공동-경험과 연관되며, 이러한 것이 우리-작용을 위한 가능성의 조건이라고 주장한다.[37] 후설은 내가 타자에게 말을 건넬 때, 그리고 타자가 그 말이 건네지고 있음을 자각할 때, 또한 그에 화답할 때 무슨 일이 일어나는지 탐구한다. 우리 둘 모두 우리가 타자에 의해 경험되고 이해된다는 것을 알아차리게 될 때, 우리는 이를 통해 더 높은 상호인격적 통일성 ─ 우리(a we) ─ 이 수립될 수 있는 의사소통적 행위를 다룬다.[38] 후설은 결과적으로 우리의 구성을 위한 대화의 중심성을 강조하고, 공동체-창조 작용으로서의 소통에 대해 말한다.[39]

하지만 공동체적 경험에서 체화된 양자적 관계가 중요하다고 보는 이러한 주장에 모든 사람이 동의하지는 않을 것이다. 하이데거와 구르비치의 저작에서 우리는 다양한 비판을 발견한다. 앞서 하이데거의 입장에서 언급된 것을 생각하면 그의 비판은 그리 놀라운 것이 아니다. 하이데거는 공감이 존재론적 우위성이나 인식론적 우위성을 가진다는 것을 부정할 뿐만 아니라 명시적으로 "서로-함께함은 나-너 관계를 통해서는 설명될 수 없다"고 주장한다.[40]

하이데거는 익명적이고 혐오스러운 종교 미사에서부터 볼링팀이나 강도 무리에 이르기까지 사람들이 함께 모일 수 있는 많은 방법이 있다는 것을 인정한다. 그러나 우리가 단순히 우리를 복수의 '개별적 인간 존재

37 Husserl 1959, pp. 136~37.
38 Husserl 1989, pp. 202~04, 254.
39 Husserl 1973b, p. 473.
40 Heidegger 2001, pp. 145~46.

의 집합체'[41] 또는 '분리된 나들의 다수'[42]로 생각하는 한, 우리는 진정한 공동체가 무엇인지 확실히 파악하지 못할 것이다.[43] 1934년의 한 강연에서 하이데거는 우리, 사람들, 민족(Volk)이라는 것은 여러 독립적 주체들이 공동체를 수립하는 데 동의하기 때문에 생겨난 것이 아니라고 주장했다. 오히려 그것은 공유된 역사와 혈통을 바탕으로 항상 이미 결정되어 있다.[44]

다소간 이에 비견할 만한 비판을 구르비치의 저작에서도 찾아볼 수 있다. 구르비치는 발터가 함께함이라는 느낌을 언급한 것을 문제삼으면서 전략적 파트너십이 때로는 긍정적인 감정을 동반할 수 있을 뿐만 아니라 갈등이나 불화가 긍정적인 감정을 대신할 수 있고, 이 경우에 반드시 공동체가 위협받거나 훼손되는 것은 아니라는 점을 인식해야 한다고 주장한다. 결과적으로 공동체 구성원의 자격은 부정적인 대인관계가 존재할 때도 지속될 수 있다. 하지만 함께함이라는 감정이 공동체로서의 공동체를 구성하는 것이 아니라면 결정적인 것은 무엇인가? 구르비치에게서 필수적인 요소는 공유된 전통의 현전이다. 파트너십은 자발적으로 시작되고 중단될 수 있지만, 반면에 사람은 공동체 안에서 태어나고 자라나며, 이러한 공동 구성원의 자격은 나 스스로 자발적으로 분리해낼 수 있는 것이 아니다.[45] 사실상 그것은 개인적인 의지와 결정의 영역을 상당히 벗어난다. 공동체에 가입된 이는 개인의 자질에 따른 자유로운 선택이 아닌

41 Heidegger 2009, p. 55.
42 Heidegger 2009, p. 34.
43 Heidegger 2009, p. 45.
44 Heidegger 2009, pp. 50, 72.
45 Gurwitsch 1979, pp. 122~24.

공유된 유산을 기반으로 삼아 선정된 자다. 결과적으로 공동체화는 그 본질상 역사적이다. 공동체 안에서 우리의 구성원 자격은 그것이 당연시되는 맥락에 우리를 뿌리내림으로써, 우리가 세계와 우리 자신을 이해하는 방식에 깊은 영향을 끼친다.[46]

사회성의 토대에 대한 현상학적 논쟁은 하이데거와 구르비치의 기여로 끝나지 않았다. 두 사람의 얼굴 대 얼굴의 만남 또는 더 익명적이고 공동체적인 형태의 타자들과 함께 있음 가운데 어느 것이 우위성을 가지는지에 대한 논의는 오늘날까지 계속되고 있다.[47]

더 읽을 거리

• Søren Overgaard, *Wittgenstein and Other Minds: Rethinking Subjectivity and Intersubjectivity with Wittgenstein, Levinas, and Husserl*, New York and London: Routledge, 2007.

• Anthony Steinbock, *Home and Beyond: Generative Phenomenology after Husserl*, Evanston, IL: Northwestern University Press, 1995.

• Michael Theunissen, *The Other: Studies in the Social Ontology of Husserl, Heidegger, Sartre and Buber,* trans. C. Macann, Cambridge, MA: MIT Press, 1986.

• Dan Zahavi, *Self and Other: Exploring Subjectivity, Empathy and Shame*, Oxford: Oxford University Press, 2014.

---

46 Gurwitsch 1979, p. 132.
47 Schmid 2009; Zahavi 2016.

제3부
응용현상학

현상학이라는 철학적 노고는 우리의 실증적 지식의 범위에 이바지하거나 이를 확대하는 데 별다른 관심을 두지 않는다. 현상학의 과제는 세계의 다양한 영역에 대한 새로운 경험적 지식을 발견하는 것이 아니라 오히려 이 지식의 기초를 탐구하고 그 지식이 어떻게 가능한지를 명확히 하는 것이다. 하이데거가 말한 바와 같이, "철학을 한다는 것은 공통감각이 자명하고 의심스럽지 않다고 여기는 사태들의 완전한 수수께끼에 대해 전적으로, 그리고 끊임없이 고민하고 즉시 민감하게 반응하는 것을 의미한다".[1] 실제로 한 가지 독법을 따르자면, 현상학이 탐구하려는 것은 바로 무시된 명백함의 영역이며, 그런 탐구를 하는 능력은 특정한 철학적 태도를 채택함에 전제되어 있다.

이 모험의 뚜렷한 철학적 성격을 고려할 때, 현상학이 실증 학문에 어떤 가치를 제공할 수 있는지 의문이 들 수 있다. 그것은 경험적 작업에

---

1 Heidegger 2010, p. 18.

조금이라도 도움이 될 수 있을까? 그러나 다음 두 장에서 보겠지만 이 물음들에 대한 답은 매우 긍정적이다. 주체가 체화된 존재이자 사회적으로 또는 문화적으로 내장된 세계-내-존재로 이해되는 인간 실존에 관한 설명을 제시함으로써 현상학은 인류학, 사회학, 심리학, 문헌 연구, 교육학 등을 포함한 사회과학 및 인문학의 학문 분야를 위시해 대부분의 학문 분야에서 작동되고 당연시되는 틀을 분석하고 조명할 수 있을 뿐만 아니라 다양한 분야에 중요한 조언을 제공할 수 있었다.

앞으로 나는 사회학과 심리학에 초점을 맞출 것이다. 현상학은 이 두 분야에 적지 않은 영향을 끼쳤을 뿐만 아니라 현상학적 사회학과 현상학적 심리학에 관해서도 이야기할 수 있을 정도로 매우 광범위하고 지속적인 충격을 주고 있다.

제9장 **현상학적 사회학**

먼저 현상학이 사회과학, 특히 사회학 분야에 어떤 영향을 끼쳤는지 살펴보자. 이제 분명해진 것은 현상학자들이 상호주관성을 매우 심각하게 받아들였고, 후설은 현상학의 적절한 발전이 철학적 사회학의 한 종류로 이어질 것이라고 주장하기도 했다는 것이다.[1] 일반적으로 말해 우리는 현상학을 메타사회학이나 원형사회학의 한 형태로 쉽게 생각할 수 있다. 인간의 사회적 존재에 대한 근본적인 설명을 제공함으로써 현상학은 사회과학이 운용되는 틀에 대한 설명을 제공하고 있다. 또는 좀 다르게, 그리고 훨씬 더 간결하게 말하자면, 합리적인 사회적 실재에 대한 이론은 인간 (상호)주관성에 대한 합리적인 설명을 전제로 하는데, 이것이 현상학이 제공할 수 있는 것이다. 그러나 밝혀진 바와 같이, 우리는 또한 주제, 개념, 방법에 관해 고전현상학으로부터 이러한 것들을 끌어내는 사회학 내의 독특한 전통을 발견할 수 있다. 이에 차례대로 주요 인물들, 예

---

1 Husserl 1962, p. 539.

를 들어 『사회적 세계의 현상학』(1932)의 저자인 알프레트 슈츠, 『실재의 사회적 구성: 지식사회학 논고』(1966)의 저자들인 피터 L. 버거와 토마스 루크만, 그리고 이 맥락에서 가장 중요한 저자인 『민속방법론 연구』(1967)의 해럴드 가핑클을 살펴보자.

슈츠

슈츠는 흔히 현상학적 사회학의 창시자로 간주된다.[2] 슈츠는 처음에 막스 베버의 해석적 사회학에서 영감을 받았다. 하지만 베버는 유의미한 행동을 사회과학의 중심 주제로 여기고, 개별 행위자(agent)가 그 자신의 행동에 귀속하는 의미를 명시적으로 주제화하는 일의 중요성을 강조한 반면에, 사회적 의미의 구성을 그 자체로 검토하지 않았고 인식론과 의미론에서의 근본 물음을 탐구하지도 않았다. 슈츠가 베버의 사회학과 후설의 현상학을 결합해 메우려고 시도한 것이 바로 이 틈새였다.[3]

사회적 관계와 행동의 틀과 단계를 구성하는 것은 수학화된 과학의 세계라기보다는 생활세계이기 때문에 사회학자인 슈츠는 자신의 출발점을 생활세계에서 찾아야 한다고 주장한다. 이에 필수적인 것은 일상적 삶에 대한 체계적 검토이며, 이것은 새로운 형태의 사회학적 이론을 요구한다. 슈츠의 구체적인 기여는 두 가지다. 첫째, 그는 생활세계의 본질적인 구조

---

2 Alfred Schutz, 1899~1959: 슈츠는 원래 법을 공부했다. 1921년 빈 대학교에서 박사학위를 취득하고, 이후 은행에서 일하기도 했다. 미국으로 이주한 이후 뉴욕에 있는 사회 연구 뉴스쿨(New School for Social Research)에서 시간제 일자리를 얻었다. 그는 1952년에야 이 기관의 교수가 되었다.

3 Schutz 1967, p. 13.

를 기술하고 분석하는 것을 목표로 한다. 둘째, 그는 사회적 의미, 사회적 행동, 상황들의 구성에 주체성이 관여하는 방식에 대한 설명을 제공한다. 그리하여 슈츠는 후설의 지향성 분석에 의존하면서 사회적 세계가 다양한 지향적 경험에서 드러나고 현시된다고 주장한다. 지향적 경험의 유의미성은 주체들에 의해 구성되는데, 또한 사회적 세계를 이해하고 과학적으로 다루기 위해서는 존재하는 사회적 행위자를 검토할 필요가 있다.

사회과학자는 의식, 동기, 자기 해석, 이해 같은 것들을 담고 있는 일상적 행위자들에 대한 신뢰할 수 있는 설명을 구성해야 한다. 결국 사회학적 과제의 일부는, 사회적 구조와 관계가 관찰된 행위자 자체에 대해 가지는 의미와 의의를 분명히 하는 것이다.[4] 슈츠에 의하면, 사회과학의 주제는 결과적으로 자연과학보다 더 복잡하다. 그의 표현대로 사회과학은 '이차 등급 구성'(constructs of the second degree)을 채택해야 하는데,[5] 이는 이런 과학의 '대상들'—사회적 행위자들—이 그 대상들 주변의 실재에 대한 '일차-질서 구성'(first-order constructs)을 도입하기 때문이다. 이것은 사회과학과 자연과학을 근본적으로 구별한다. 후자는 연구 대상 (전자와 아미노산은 자기 이해를 하지 않는다)에 대한 이해와 자기 해석을 고려할 필요가 없다. 그래서 슈츠는 인간의 행동을 관찰 가능한 행동과 자극-반응 메커니즘으로 환원하려는 행동주의 및 실증주의 같은 환원주의 프로그램을 강력히 거부한다.

슈츠에게서 사회학의 주요 대상은 제도, 시장 결합, 사회계층 또는 권력구조가 아니라 인간 존재자들, 즉 타자들과의 무수한 관계에서 고찰되

---

4 Schutz 1962, p. 6; Schutz 1964, p. 7.
5 Schutz 1962, p. 6.

는 행동하고 경험하는 개인들이지만, 또한 그들 자신의 시각으로 주관적 삶을 구성하는 것을 의도한다. 물론, 슈츠의 요점은 사회학이 제도와 권력구조 등에 전혀 관심이 없어야 한다는 게 아니다. 오히려 그는 '권력구조' 같은 개념을 특정한 목적에 유용할 수 있는 일종의 '지적 속기(速記)'로 간주해야 한다고 주장하지만, 결국 권력구조는 경험하고 해석하고 행동하는 개인을 전제로 한다는 것을 결코 잊어서는 안 된다.[6]

그렇다면 슈츠는 사회적 세계에서의 우리의 일상을 어떻게 기술하고 특징짓는가? 그의 중심 개념은 유형화(typification)다. 우리가 세계 안에서 경험하고 여정을 찾아갈 때, 우리는 실제적인 '노하우'의 일종인 준칙과 비법의 레퍼토리를 사용한다. 생활세계의 개체는 단순히 독특한 개별적 존재자들이 아니라 '산', '나무', '집', '동물', 그리고 '사람'이다. 우리가 어떤 것을 만나든 간에, 그것은 우리가 이미 어느 정도 알고 있는 일반적인 '유형'이다. 나무에 대한 지식이 매우 제한적인 사람은 숲에서 자신이 지나치는 나무가 느릅나무인지 너도밤나무인지 알 수 없을지도 모르지만, 그것을 즉각 '나무'로 본다. 다시 말해 우리는 환경에 대한 일종의 기본적인 지식을 갖고 있다. 이러한 지식의 주요 원천은 이전의 경험, 즉 우리 스스로 겪은 경험과 타자들에 의해 우리에게 전승된 경험이다. 내가 완전한 자연스러움을 가지고서 사용하는 전형적인 가정, 기대, 규정의 모음은 대부분 사회적으로 파생되고 받아들여진 것이다.

또한 타자들을 이해하게 되는 방법에서도 유형화는 중요한 역할을 한다. 그 이유를 이해하기 위해서는, 사회적 세계가 이질적이고 상호인격적 이해에 대해서도 마찬가지라는 점을 깨닫는 것이 중요하다. 후자에서 이

---

6 Schutz 1962, pp. 34~35; Schutz 1964, pp. 6~7.

해되어야 할 것들은 그것이 신체적으로 현전하느냐 아니냐에 따라 또는 오히려 공간이나 시간에서 제거되느냐에 따라 달라진다. 그것은 타자들이 우리 동료들의 세계에 속하는지, 동시대 사람들의 세계에 속하는지, 지금 이전에 있던 사람들의 세계에, 또는 지금 이후에 사는 사람들의 세계에 속하는지, 아니면 슈츠의 원래 용어로는 'Umwelt'에, 'Mitwelt'에, 'Vorwelt' 또는 'Folgewelt'에 속하는지에 의존한다.[7] 사회적 세계는 다층화되어 있고, 현상학적 사회학의 중요한 과제 중 하나는 이러한 다양한 층에 대한 세심한 분석을 수행하는 것이다.

일차적으로 주위세계(Umwelt) 안에서 일어나는 사회적 만남에 초점을 맞추는 것은 당연한 것처럼 보인다. 하지만 슈츠가 지적한 것처럼 이러한 만남에 초점을 맞추는 것은 궁극적으로 너무 좁고 제한적인 일이 될 것이다. 물론 주위세계 안에서의 사회적 만남이 핵심적이고 근본적이긴 하지만 그것은 사회적 세계의 작은 부분일 뿐이다. 또한 우리는 내가 이전에 마주친 적이 있지만 현재는 해외에 사는 사람들 또는 내가 알고 있는 사람들, 구체적인 개인이 아닌 특정한 역할과 기능에 의해 정의되는 사회적 공간의 일원들, 예를 들면 세무 공무원, 경찰관, 일반 실무자 또는 나 자신 이전에 존재했던 사람들, 곧 지나간 세계(Vorwelt)의 일원들을 잊지 말아야 한다.[8]

동시대 사람들과의 관계를 더 자세히 살펴보자. 즉 우리는 시간 속에 공존하고 있으므로 내가 직접 경험할 수 있지만, 사실의 문제로 볼 때 그렇게 공존하지 않는 이들이 있다. 왜냐하면 그들은 나의 직접적인 환경

---

7 Schutz 1967, p. 14.
8 Schutz 1967, pp. 142~43.

가운데 존재하지 않기 때문이다. 얼굴 대 얼굴의 관계는 타자에 대한 직접적 경험과 연관되지만, 비록 그것이 — 예를 들어 지하철에서 낯선 사람과 만날 기회처럼 — 매우 일상적인 일이 될 수 있다고 하더라도 동시대 사람들에 대한 나의 이해는, 비록 그 성격상 매우 다를 수는 있지만 정의상 간접적이고 추론적이며 비인격적이다.[9] 예를 들어 방금 칠레 여행을 떠난 나의 가까운 친구에 대한 이해, 그리고 방금 내게 소포를 보낸 익명의 책 판매자에 대한 이해를 비교해보자. 비록 둘 다 나의 공동세계 (Mitwelt)에 속하지만 그들에 대한 나의 이해는 분명 확연히 다르다. 그럼에도 불구하고 내가 칠레로 떠난 내 친구를 매우 친밀하게 알고 있을지라도, 동시대적으로 보면 그에 대한 나의 이해는 얼굴 대 얼굴의 만남을 특징짓는 직접성을 여전히 결여하고 있다.[10] 그것은 언제나 사회적 세계에 대한 나의 일반적인 지식에 기초할 해석적 판단을 기반으로 삼게 될 것이고, 아울러 유형성의 구조를 따라 형성되고 프레임화될 것이다.[11] 나는 그가 본래 성격에 충실하고 변함없이 그대로일 것으로 생각한다. 유형의 역할은 더욱 무규정적인 타자들과의 관계와 관련한 행동을 고려할 때 훨씬 더 뚜렷하게 나타난다. 예를 들어 내가 편지를 부칠 때 일어나는 사회적 이해의 종류를 생각해보자. 그렇게 할 때 나의 행동은 내가 동시대 사람들, 즉 우체부들에 대해 하는 가정의 지도를 받는다. 나는 그들이 주소를 읽고 그 편지를 받아야 할 사람에게 보낼 것으로 추측한다. 나는 그들을 개인적으로 알지 못하며 그들을 특정한 개인으로도 생각하지 않

9 Schutz 1967, pp. 177, 181.
10 Schutz 1967, pp. 178, 183.
11 Schutz 1967, pp. 181, 184.

지만, 내가 행하는 방식으로 행동함으로써 나는 이념형으로서의 그들, 그리고 특정한 기능을 가진 사람으로서의 그들과 관계를 맺는다. 물론 이사회적 과정이 유효해지려면 나 자신의 행동 중 일부를 유형화해야 한다. 나는 전형적인 우체국 직원이 내 필체를 해독할 수 있도록 글을 쓰려 노력하고 봉투에 있는 전형적인 장소에 주소를 쓴다. 간단히 말해 나는 나자신을 전형적인 '편지의 발송자'로 만들려고 노력한다.[12] 결과적으로 유형화(그리고 고정관념화)는 매일의 예측을 쉽게 만들 수 있다.

일상의 삶에서 우리는 끊임없이 주위세계와 **공동세계** 사이를 오가고, 슈츠가 지적한 바와 같이, 한 편에서 다른 편으로의 변화는 아무런 문제가 되지 않는다. 이는 우리가 항상 우리 자신의 행동과 다른 행동들을 여기, 그리고 지금을 넘어서는 의미의 맥락 안에서 해석하기 때문이다. 그런 의미에서 우리의 관계가 직접적이냐 간접적이냐의 문제와 관련한 좁은 관심사는 다소간 학술적인 실천이다.[13] 이념형을 사용하는 것이 동시대의 세계(또는 우리보다 앞서 있는 이나 뒤에 오는 이의 세계)에만 국한되지 않는다는 점을 참작하면 더욱 그렇다. 우리가 얻은 이념형들은 지식 일부가 되어 우리의 얼굴 대 얼굴의 상호작용에 영향을 끼치기 시작한다. 즉 그것들은 직접적인 사회적 경험의 세계에서도 해석적 도식으로 작용하게 된다.[14]

내가 자연스럽게 적응할 때, 내 유형화가 속해 있는 실천적 지식이나 '노하우'의 전체 체계는 이전처럼 배경으로 남아 있다. 이는 분명히 내 일

---

12   Schutz 1962, pp. 25~26.

13   Schutz 1967, p. 178.

14   Schutz 1967, p. 185.

상의 실천적 초점과 관련이 있다. 나에게는 내가 보낼 편지, 사야 할 식료품, 학교에 데려갈 아이들 등이 있다. 이러한 활동들과 그것들이 부분적으로 형성되는 다양한 기획들은 나의 흥미와 우선순위를 지도한다. 다양한 유형화를 담고 있는 나의 실천적 지식은 내가 너무나 자연스럽게 즉각적으로 도입한 도구들로서, 나는 그 도구들에 대해 거의 쉬지 않고 반성한다. 슈츠가 종종 말하듯이, 나는 그것들의 타당성에 의문을 제기하지 않고, 그것들이 정밀한 검토를 받게 하지 않고, 그것들을 당연하게 여긴다.[15] 후설과 마찬가지로 슈츠도 이러한 의심되지 않는 무비판적 자세를 '자연적 태도'라고 부른다.

그러나 우리의 배경지식은 수정(revision)에 영향을 받지 않는 게 아니다. 나의 유형화가 나의 의도와 목적을 달성하는 데 도움이 되는 한에서 그것은 여전히 유효할 것이다. 그런데 만약 그것들이 반복적으로 도움이 되지 않으면, 나는 그 유형화를 수정할 것이다. 슈츠의 표현대로 우리의 배경지식은 당연하게 여겨지지만, 그것은 단지 '추가 고지가 있을 때까지'만 그렇게 여겨진다.[16] 예를 들어 만일 내가 수신자가 내 편지를 받지 못하는 것을 반복적으로 경험한다면, 나는 전형적인 우체국 직원들과 그들의 전형적인 동기에 관한 나의 몇 가지 가정을 수정할 것이다. 반면에 나는 다른 가정과 유형에 의존해야만 그러한 상황에 대처할 수 있다. 예를 들어 나는 영국의 우편공사에 불만을 제기할 수도 있고, 따라서 특정 관리자들이 특정한 전형적인 방식으로 반응할 것이라고 암묵적으로 가정할 수도 있다. 그 대안으로 나는 이제부터 이메일만 사용할 것이며, 그에

---

15 Schutz 1962, p. 74.

16 Schutz 1962, p. 74; Berger & Luckmann 1991, p. 58.

따라 나의 인터넷 서비스 제공자의 일반적인 행동 방침 등을 가정할 것이다. 따라서 개별 유형화가 '추가 고지가 있을 때까지' 당연한 것으로 여겨진다고 하더라도, 다른 분류와 가정이 동시에 운용되지 않는 한 사실상 그러한 유형화를 당장 포기하는 것은 불가능할 것이다. 따라서 슈츠는 내가 개별 사건에 의문을 제기하고 의심하는 것은 당연하게 여겨지는 세계의 맥락 안에 있다고 결론짓는다. 반대로 생활세계 자체는 의심할 여지 없는 '가능한 모든 의심의 토대'다.[17]

버거와 루크만

제2차 세계대전 직전에 슈츠가 미국으로 이주하게 되면서 미국의 사회과학자들은 현상학적 사회학을 소개받았다. 이에 미국에서는 다음과 같은 두 가지 새로운 현상학적 사회학이 처음으로 도입되었다. 지식사회학(sociology of knowledge)과 민속방법론(ethnomethodology)의 사회학이 바로 그것이다.

슈츠는 반복적으로—'지식사회학'이라는 제목이 붙을 만한—지식의 사회적 분배라는 주제가 충분히 연구되지 못한 주제였다고 주장했다.[18] 『실재의 사회적 구성: 지식사회학 논고』에서 슈츠의 학생이었던 피터 L. 버거와 토마스 루크만은 이 빈틈을 채우기 위해 해당 주제를 받아들였다. 이 영향력 있는 저서에서 버거와 루크만은 슈츠의 이론적 관점을 동일성, 사회화, 사회적 역할, 언어, 그리고 정상성/비정상성 같은 중요한 개

---

17 Schutz 1962, p. 74.
18 Schutz 1962, pp. 15, 149; Schutz 1964, p. 121.

념에 적용하려고 한다. 그들은 다양한 유형의 지식과 과학적 지식, 그리고 과학적인 것만이 아니라 일상적인 것의 형성과 유지를 위한 사회적 조건을 분석하는 것이 지식사회학의 과제라고 주장한다. 따라서 버거와 루크만은 슈츠가 중심 문제로 지목한 지식의 사회적 분배라는 물음 너머로 지식사회학의 초점을 넓혔다.[19] 그런데 그들은 슈츠의 기본적인 직관을 공유한다. 간단히 말해 지식사회학은 어떻게 지식이 생산되고, 분배되고, 내재화되는가에 관심을 둔다. 그것은 어떤 형태의 지식(미국의 여성 사업가나 네덜란드 범죄학자의 지식 못지않은 티베트 승려의 지식)의 타당성이 사회적으로 확립되는 방식을 탐구한다.[20] 버거와 루크만이 강조한 것처럼

> 지식사회학은 무엇보다도 먼저 사람들이 그들의 일상, 비-이론적인 삶이나 전-이론적인 삶에서 '실재'로 '인식하는' 것에 관심을 가져야 한다. 즉 '이념들'보다는 공통-감각의 '지식'이 지식사회학을 위한 핵심 초점이 되어야만 한다. 사회가 그것 없이는 존재할 수 없는 의미의 조직을 구성하는 것이 바로 이 '지식'이다.[21]

이 기획은 특정한 객관주의적이고 실증주의적인 사회이론에도 도전한다. 버거와 루크만은 사회적 실재를 비-인간적이거나 초-인간적인 것으로, 즉 자립하는 자연적 존재자로 보는 어떤 시도도 거부한다.[22] 그들이 쓴 것처럼 사회적 질서는 인간 활동의 산물이다. 다시 말해 그것은 생

19 Berger & Luckmann 1991, p. 28.
20 Berger & Luckmann 1991, p. 15.
21 Berger & Luckmann 1991, p. 27.
22 Berger & Luckmann 1991, p. 106.

물학적으로 결정되지도 않았고 자연의 사실에 의해 결정된 것도 아니다. "사회적 질서는 사물의 본질의 일부가 아니며, 그것은 '자연법칙'에서 도출될 수 없다. 사회적 질서는 인간 활동의 산물로만 존재한다."[23] 사회이론의 과제는 인간이 다양한 형태의 상호작용을 통해 사회적 구조와 제도를 어떻게 창조하고 형성하는지 설명하는 것인데, 이는 처음에는 공통적이고 상호주관적인 실재의 성격을 가질 수 있지만 결국 '외재화'되어 객관적 실재성을 성취하게 될 수 있다. 슈츠가 말하듯이, 이것은 주로 제도화된 유형화를 통해 일어난다.[24]

제도적 세계의 객관성이 개인에게 아무리 거대하게 보일지라도 인간적으로 생산되고 구성된 객관성이라는 것을 염두에 두는 게 중요하다. …… 제도적 세계는 객관화된 인간의 활동이며, 다른 개별 제도 역시 그렇다. …… 인간이 세계를 만드는 것은 가능한 일이지만, 그 세계를 인간의 산물이 아닌 다른 어떤 것으로 경험한다는 역설에 대해서는 나중에 이야기할 것이다. 지금으로서는 생산자인 인간과 그 산물인 사회적 세계 사이의 관계가 변증법적이며 계속 그렇게 남아 있을 것이라는 점을 강조하는 것이 중요하다. 즉 인간(당연히 고립된 것이 아니라 그의 집단성 속에 있는)과 인간의 사회적 세계는 상호작용한다. 그 산물은 생산자에게 반응한다.[25]

23 Berger & Luckmann 1991, p. 70.
24 Berger & Luckmann 1991, pp. 85~96.
25 Berger & Luckmann 1991, p. 78.

그러므로 사회적 실재는 외재화되고 객관화된 인간의 산물일 뿐만 아니라 인간 존재에게도 역행한다. 이는 우리가 저항할 수 없는 억압적인 외력으로 느낄 수 있다는 의미에서만이 아니라 사회적 실재가 개별 인간이 '내재화하는' 것이라는 의미에서도 그러하다. 우리는 사회 바깥에서 자라지 않고 사회 내부에서 성장한다. 그리고 우리가 성장하고 성숙해짐에 따라 우리는 타자들로부터 언어, 역할, 태도, 그리고 규범을 이어받는다.[26] 그러므로 버거와 루크만은 인간 사회가 '외재화, 객관화, 내재화의 세 가지 계기에 대한 지속적인 변증법의 관점에서 이해되어야'만 한다는 것을 강조한다.[27]

가핑클

『실재의 사회적 구성』은 1960년대 후반과 1970년대에 큰 인기를 끌었으며, 슈츠의 생각을 더 많은 독자가 접할 수 있게 만든 책이었다. 슈츠로부터 결정적인 추동력을 얻은 미국 사회학의 또 다른 줄기는 1960년대 초 해럴드 가핑클이 도입한 민속방법론이다. 가핑클은 후설, 메를로-퐁티, 하이데거의 영향을 받았지만, 그의 주요 영감은 슈츠, 아론 구르비치, 탤컷 파슨스에게서 비롯한다. 버거와 루크만과는 달리 가핑클은 결코 슈츠의 학생인 적이 없었지만, 사회학에 대한 그의 접근은 그럼에도 중요한 슈츠적 영감을 드러낸다. 그러나 슈츠는 사회이론가로 남아 있었던 반면, 가핑클은 실제로 경험 연구를 수행함으로써 현상학을 적용했다.

---

26 Berger & Luckmann 1991, pp. 149~57.
27 Berger & Luckmann 1991, p. 149.

간단히 말해 민속방법론의 과제는 어떻게 사회적 행위자들이 그들의 환경을 유의미한 방식으로 구성하는지를 검토하는 것이다. 민속방법론자는 슈츠처럼 참여자들의 관점에서 사물을 바라보려 하고, 그들이 상호작용하는 방식에 기인해 그들의 삶의 형식이 어떻게 생겨나는지를 이해하려고 시도한다. 요점은 주어진 삶의 형식이 '참'인지 '거짓'인지를 구별하는 것이 아니라 어떻게 행위자들이 그들이 견지한 해석들과 의견들을 형성해냈는지를 규정하는 것이다. 민속방법론은 사회적 구조(역할, 제도, 문화적 의미와 가치의 체계)를, 앞서 존재하는 결정인자라기보다는 사회적 상호작용의 산물로 간주한다. 따라서 사회적 실재는 참여자들에 의해 능동적으로 유지되고 있는 연약하고 취약한 구조로 여겨진다. 후설이 언젠가 주장했던 것처럼 세계의 존재는 외관상으로만 안정적일 뿐이다. 현실에서 그것은 원리상 무너질 수 있는 정상성의 구성이다.[28]

가펑클에 의하면, 우리는 모두 집에 있는 것처럼 편안함을 느끼는 세계를 건설하느라 바쁘다. 슈츠가 강조했듯이, 이는 부분적으로 유형화 과정을 통해 발생한다. 우리는 사회적 실재에 대처하면서 다양한 일상과 준칙을 사용한다. 이러한 일상과 준칙은 점차 내재화되어 우리의 관점으로부터 멀어져간다. 이런 점에서 사회적 의미와 질서를 생산하기 위한 전제조건은 우리에게 접근 불가능한 것이 된다. 그러나 민속방법론은 사회적 질서를 확립하고 유지할 때, 사람들이 가담하는 행습(practices)을 드러내기 위한 특별한 방법을 개발해왔다.[29] 이런 방법 중 하나가 위반실험(breaching experiments)으로 알려진 것인데, 이는 우리의 정상적 배경의

28 Husserl 1973b, p. 214.
29 Garfinkel 1967, pp. 37~38.

가정들(normal background assumptions)이 힘을 잃음으로써 어떤 것이 명백해지는 상황을 만드는 것과 관련한다. 한 실험에서 가핑클은 자기 학생들에게 집에서 손님처럼 행동하고 가족들의 반응을 기록하도록 했다. 이러한 반응은 혼동에서 분노에 이르기까지 다양했다. 가핑클에 따르면 그것은 사회적 질서, 즉 우리가 우리 자신을 생산하는 데 도움을 주지만 그럼에도 당연하다고 여기는 경향이 있는 질서의 취약함을 보여주는 반응이었다.[30] 또 다른 실험에서 가핑클은 학생들에게 일상적 대화에서 같은 원리를 적용하도록 했다. 예를 들면 다음과 같다.

(S) 안녕, 레이. 여자친구 기분은 어때(How is your girlfriend feeling)?

(E) '그녀의 기분은 어때요?'(How is she feeling)라는 것은 육체적인 것을 말하는 거니 아니면 정신적인 것을 말하는 거니?

(S) 내 말은 그냥 그녀의 기분이 어떠냐는 건데? 왜 그러니? (그가 언짢아 하는 것 같군.)

(E) 아무것도 아냐. 그냥 무슨 뜻인지 좀 더 명확하게 설명해달라는 거야.

(S) 그냥 넘어가지. 의대 지원은 어떻게 되고 있어?

(E) '그간 어떻다'(How are they)라고 하는 말이 무슨 뜻이야?

(S) 넌 내가 뭘 뜻하는지 알고 있어.

(E) 난 정말 몰라.

(S) 무슨 문제 있어? 어디 아프니?[31]

30 Garfinkel 1967, pp. 42~43.
31 Garfinkel 1967, pp. 42~43.

가핑클은 타자들이 우리를 이해하고 있다는 것을 우리가 어떤 식으로 당연하게 여기고 있는지를 보여주려고 했다. 또한 일정 수준에서 이 상호 이해는 대화자가 우리가 암묵적으로 전제하는 요소 자체에 기여하고 있음을 전제한다는 것을 보여주려고 했다.

더 일반적으로 말해 가핑클은 우리의 다양한 활동이 어느 정도 맥락 의존적인지를 강조하고자 했다. 어떤 상황, 행동 또는 현상에 대한 우리의 이해는 상황 의존적이며, 이 의존성은 이념화되거나 표준화된 개념을 사용해 극복되거나 중단될 수 없고 단지 인간 이해의 기본 특징으로 인식되어야 한다. 우리의 이해가 결코 완전히 설명될 수는 없지만, 그것은 언제나 암묵적인 가정들의 지평을 끌어올 것이다.

민속방법론의 기여 가운데 하나로 법원, 병원, 경찰서에 관한 구체적인 연구를 들 수 있다. 이 연구의 의도는 이러한 기관에 소속된 사람들이 어떻게 공식적인 업무를 수행하는지 조사하고, 이를 통해 해당 기관을 유지하고 적법화하는 방식을 탐구하는 것이었다. 이 사례에는 정신과 의사가 환자를 평가하는 방법, 배심원단이 유죄 여부를 평가하는 방법 또는 검시관들이 사람의 사인(死因)을 결정하는 방법이 포함될 수 있다. 그런 다음에 민속방법론은 관찰된 실천을 안내하는 기본 규칙과 임시 절차를 재구성하고 참여자의 행동을 지도하는 암시적 이해를 뚜렷이 나타내 명시하는 것을 추구한다.

민속방법론은 종종 성별과 계급투쟁 등과 같이 다양하게 미리 정의된 범주의 관점에서 사회적 실재를 분석하려 시도하는 사회학을 비판해왔다. 그것은 이런 절차가 세계를 기술하기보다는 이론화한다고 주장한다. 안정적이고 잘 조직된 세계가 있다는 것이 당연하게 여겨지는데, 이것은 정확히 민속방법론이 의문을 제기하는 가정이다. 우리는 사회적 세계를 다양하게 미리 정의된 이론적 범주에 맞게 형성하기보다는 사람들 스스로가 자신들의 사회적 실재를 어떻게 경험하는지 검토해야 한다. 사회의 행위자들은 어떤 식으로 그들이 살아가는 실재의 순서를 탐색하고 설명하는가?

*

현상학적 사회학의 몇 가지 중요한 특징들을 요약해보자. 첫째, 모든 현상학자는 기술에 관한 주장과 이론적 사변을 향한 저항을 공유한다. 현상학적 사회학의 두 번째 중요한 특징은 일상적 삶을 진지하게 받아들일 필요성을 강조하는 것이다. '자연적으로 적응된' 사람, 실천적으로 방향 설정된 사람, 고통스러운 감각을 지닌 사람, 곧 이 사람들이 경험한 생활세계가 사회학의 주요 연구 대상이다. 셋째, 현상학적 사회학자들은 사회구조(기관, 조직, 민족 집단, 계급 등)를 재정립하려는 경향을 지속적으로 경고해왔다. 인간 주체성은 단지 사회적 힘에 따라 형성되고 규정되는 것이 아니다. 타자들과의 상호작용 가운데, 주체성이 또한 사회적 실재를 형성한다. 사회학적 과제는 이 구성과정의 작용을 이해하는 것이다. 요컨대, 현상학적 사회학의 근본 메시지는 개인의 주체성의 기여도를 고려하지 않으면 일상적 삶에 대한 어떤 설명도 완성해낼 수 없다는 것이다.

더 읽을 거리

- Peter L. Berger and Thomas Luckmann, *The Social Construction of Reality: A Treatise in the Sociology of Knowledge*, Harmondsworth:

Penguin, 1991(국역본: 하홍규 옮김, 『실재의 사회적 구성: 지식사회학 논고』, 문학과지성사, 2014).

- Harvie Ferguson, *Phenomenological Sociology: Insight and Experience in Modern Society*, London: SAGE Publications, 2006.

- Harold Garfinkel, *Studies in Ethnomethodology*, Cambridge: Polity Press, 1984.

- John Heritage, *Garfinkel and Ethnomethodology*, Cambridge: Polity Press, 1984.

- Alfred Schutz, *The Problem of Social Reality: Collected Papers I*, The Hague: Martinus Nijhoff, 1962.

제10장 현상학적 심리학과 질적 연구, 그리고 인지과학

현상학이 심리학을 제시한다고 해서 이것이 놀랄 일이 되어서는 안 된다. 일견, 현상학적 기여의 특수성을 특징짓는 것은 상당히 간단해 보일 수도 있다. 행동주의적이든 계산주의적이든 간에, 의식에 대한 다양한 환원적 접근과는 대조적으로 현상학적이라고 알려진 심리학은 주관적 관점을 전제할 것을 요구한다. 그것은 인간 경험을 그 자체로 광범위하게 탐구할 가치가 있는 주제라고 간주하면서 참여 주체의 경험적 요구와 관심을 진지하게 받아들이려고 노력한다. 이러한 심리학은 주체의 생활세계를 탐사하고, 주체들에게 무엇이 중요한지, 그리고 그들이 경험하는 것을 어떻게 이해하는지 이해해보려고 한다. 그것은 하부인격적(subpersonal) 원인과 상관관계를 규명하기보다는 경험과 의미에 초점을 맞춘다. 만약 뇌성마비가 있는 개인과 마주친다면, 예를 들어 현상학적 심리학자는 그러한 상태를 안고 사는 것이 어떤 것인지 이해하려고 노력할 것이고, 그것이 개인의 경험적 삶에 어떻게 영향을 끼치는지 탐구하려고 할 것이다. 하지만 상부 운동 뉴런의 병변에 대한 검사에는 관여하지 않을 것이다.

그러나 우리가 이제 보겠지만 철학적 현상학에서 비롯한 아이디어를 심리학의 영역에 가장 잘 적용할 수 있는 방식을 탐구하는 논의가 계속되고 있다. 이 장에서 내가 제시하는 개요는 현상학적 사회학에 대한 나의 논의보다 다소 더 다면적이고 이질적인 것이 될 것이다.

현상학적 심리학

그 역사적 기원은 언제, 어디일까? 하나의 가능한 출발점은 1880년대의 빈(Wien)일 것이다. 그곳은 후설이 참석한 저명한 심리학자이자 철학자인 프란츠 브렌타노(Franz Brentano, 1838~1917)의 강의가 있었던 곳으로, 브렌타노는 지향성에 대한 글을 썼고 의식에 대한 세심한 기술을 발전시키는 일의 중요성을 강조했다. 그런데 우리는 또한 후설이 의식에 대한 두 가지 다른 현상학적 접근법을 명시적으로 구별해내는 그의 후기 글 중 일부를 고찰할 수도 있다. 우리는 한 손에는 초월적 현상학(transcendental phenomenology)을, 다른 한 손에는 그가 말하는 현상학적 심리학(phenomenological psychology)을 들고 있다.[1] 이 두 가지 접근의 차이는 무엇일까? 둘 다 의식을 다루지만, 그들은 다소 다른 의제를 염두에 두고 의식을 다룬다. 후설에게서 현상학적 심리학의 과제는 지향적 의식을 비환원적 방식으로, 즉 그것의 특이성과 특징을 존중하는 방식으로 탐구하는 것이다. 현상학적 심리학은 1인칭 관점을 심각하게 받아들이지만, 자연적 태도 안에 ― 철학적 현상학과는 대조적인 것으로 ―머무르는 심리학이다. 이 현상학적 심리학자는 후설에게 어떤 근본적인 물음을

---

1 Husserl 1977, p. 38.

묻지 않은 채로 남겨두었다는 점에서 철학자가 아닌 실증적인 과학자다.

이 구별은 어떤 적합성을 가지는가? 후설은 일차적으로 철학적 현상학의 발전에 관심을 두긴 했지만 그의 분석이 의식의 심리학적 연구에 영향을 끼칠 수 있고 도움이 될 수 있다는 사실을 외면하지는 않았다. 실제로 그가 1928년 암스테르담 강연에서 지적했듯이, 만약 심리학이 과학적으로 엄밀한 방식으로 발전하려면 경험적 삶에 대한 적절한 이해와 개념이 필요한데, 바로 이것을 현상학이 제공할 수 있다. 현상학은 의식의 본질에 대한 사변 및 이론을 형성해내는 것이 아니라 우리를 경험 그 자체로 귀환시킨다. 후설이 쓰듯이, 현상학적 심리학자는 주어진 것에 집중하기 위해 다른 과학적인 분야에서 비롯된 이론적 편견을 유보해야 한다. 또한 현상학적 심리학자의 의도는 행위와 대상 사이의 본질적인 상관관계에 대한 통찰을 획득하는 것이다.[2] 그러나 비록 후설이 실제로 현상학적 심리학에 대해 논의했다고 하더라도, 그것은 그 자체로 끝이 아니라 오히려 항상 다른 것, 즉 철학적 현상학에 대한 수단이었다는 것을 명심하는 게 중요하다. 그는 『위기』에서 "구체적으로 실행된 심리학이 초월철학으로 이어질 수 있는 길이 있어야만 한다"고 적고 있다.[3] 때때로 후설은, 심지어 현상학적 심리학을 통해 초월적 현상학에 접근하는 예비적 이점들을 강조하기까지 한다. 그의 표현대로라면 우리는 초월철학에는 아무런 관심도 두지 않고 단지 과학적 심리학을 수립하는 것에만 관심을 가질 수도 있을 것이다. 만약 이 과제를 근본적인 방식으로 추구한다면, 그리고 의식의 구조를 충분히 정밀하고 세심하게 검토한다면 결국 완전

2 Husserl 1997, pp. 218~19, 223, 230.
3 Husserl 1970, p. 206.

한 단계를 밟아 초월적 전회를 시행하고 그에 따라 철학적 현상학에 도달할 필요가 있다.[4]

따라서 후설이 현상학적 심리학에 대한 연구를 평가할 때, 그가 인터뷰나 실험을 수행하는 방법에 대한 구체적인 지침을 제공한 것이 아니라 적절한 철학적 사유로의 진입을 촉진하는 방법의 문제에 주로 관심을 가졌다는 것을 명심하는 게 중요하다.

그러나 곧 후설의 강의와 글은 실험적으로 방향을 설정한 심리학자들에게 영감의 원천이 되었다. 초기에 주목할 만한 인물은 괴팅겐에서 후설과 함께 연구한 다비트 카츠(David Katz, 1884~1953)인데, 그는 주로 만짐(touch)과 색(colour)의 현상학에 이바지한 것으로 알려져 있다.

20여 권의 책과 연구서를 망라한 카츠 저작의 독특하고 통일적인 특징은 인간 경험과 현상 세계에 대한 깊은 관심이었다. 카츠에 의하면, 매클라우드(MacLeod)가 그의 부고에서 전한 것처럼 심리학자는 "그의 신체적·생리학적·철학적 편견을 의도적으로 '괄호치기'하는 것으로 시작해야 하며, 현행적으로 나타나는 현상들을 관찰하려고 시도해야 한다".[5] 실제로 카츠가 『색의 세계』 서문에서 말한 것을 보자.

색을 연구할 수 있는 다른 모든 관점을 무시하지 않고서는 색-현상 전체를 기술하는 것이 불가능하다. 그러한 과제를 달성하기 위해서는 기술적인 현상학적 관점에 엄밀하게 배타적으로 천착해야만 한다. ······ 공간에서의 색채의 나타남의 방식과 조명의 현상은 이 책에서 보고된

---

4 Husserl 1997, p. 252.
5 MacLeod 1954, p. 3.

연구에서 핵심적인 것이다. 조명이 어떤 의미에서든 독립적인 심리학적 문제로 고찰될 수 있다는 사실은 현상학적으로 훈련된 눈이 독립적인 현상으로 조명을 향할 때까지 인식되지 않았다.[6]

중요한 것은 카츠가 결단코 양적 연구와 주류 심리학 이론에 반대하거나 무관심하지 않았다는 것이다. 실제로 카츠에게 현상학적 심리학은 단순히 사태들을 액면 그대로 받아들이고 실험과 이론 구성의 엄밀함을 피하는 것이 아니었다. 반대로 그것은 세심한 훈련과 규율을 요구하는 어떤 것이었고, 그렇게 해서 그것은 더 나은 실험과 이론화로 이어질 수 있었다. 세심한 탐구를 통해 카츠는 그때까지 다른 실험심리학자들에 의해 간과되었던 평범한 인간 경험의 미묘한 뉘앙스를 드러낼 수 있었다. 예를 들어 만짐에 관한 그의 작업에서 그는 표면 접촉, 몰입된 접촉, 부피 접촉을 세심하게 구별해내고,[7] 이런 구별을 통해 2차원 표면구조를 느끼는 것, 다른 유형의 액체에 손을 담그는 것, 뚜렷한 모양이나 패턴이 없는 촉각 현상을 경험하는 것, 그리고 피부 표면을 감지함으로써 그 아래에 깔린 뼈 골격을 느끼는 것의 차이를 지적하기에 이른다. 또한 카츠는 움직임과 만짐 사이의 연결에 대한 연구에 중요한 공헌을 했으며, 빛이 시야를 여는 것처럼 움직임이 만짐에 필수적이라고 주장했다.[8]

카츠는 현상학의 영향을 받은 대표적인 연구자들의 명단 가운데 첫째 자리에 위치한 사람 중 한 명일 뿐이다. 그 명단에 속한 이들은 행동주의

6 Katz 1999, p. 5.
7 Katz 1989, pp. 50~53.
8 Katz 1989, p. 76.

든 정신분석이든 간에, 그들 시대의 주도적 이론에 비판적으로 관여하면서도 인간 존재의 다양한 영역에 대한 중요하면서 명철한 분석을 제공했다. 처음에는 대부분 독일에서 활동했지만, 1930년대에는 많은 사람이 이주를 강요당했고 전쟁이 끝난 후 그 영향력을 확산시켰는데, 이를테면 스위스, 프랑스, 네덜란드, 덴마크, 스웨덴, 미국이 그들이 활발하게 활동한 환경이 되었다.[9] 예를 들어 감각 경험과 공간성(1935), 잠(1952), 그리고 상호인격적 이해(1953)에 대한 우리의 이해에 이바지한 슈트라우스(1891~1975), 린스호턴(1925~64), 프롬(1914~98)이 중요한 인물군에 속한다.[10]

현상학적 정신의학

이미 일찍부터 꽤 많은 중요한 정신과 의사들 또한 현상학에 관심을 두었고 영향을 받았다. 해당 주제를 고려해보면, 이 발전은 어느 정도 자연스러운 것이었다. 만약 우리가 시간적·공간적 경험의 구조, 자아와 비자아 사이의 구분, 자신의 몸의 경험, 자신의 통일성과 자기동일성, 사회적 참여의 성격, 관련성 등 다양한 정신병리학적 조건 가운데 고통받는 핵심적 경험의 범주 중 일부를 고려한다면, 현상학적 원천의 적합성은 명백하다. 우리가 이미 보았듯이, 현상학은 이러한 주제에 대한 광범위한 분석을 제공하며, 그러한 분석은 환자의 경험을 이해하고 개념화하는 데 관심

---

9 이후에 (바위턴데이크Buytendijk, 베르흐Berg, 린스호턴Linschoten 등이 주도한) 네덜란드의 현상학적 심리학 학파와 (루빈Rubin, 프롬From, 그리고 트라네케르 라스무센Tranekjær Rasmussen으로 대표되는) 코펜하겐 현상학파에 관해 말하는 것이 관례가 되었다(Kockelmans 1987 및 Hansen & Karpatschof 2001을 보라).

10 Straus 1963; Linschoten 1987; From 1953.

을 두는 모든 정신과 의사에게 귀중한 자료를 담고 있다.

예를 들어 영향력 있는 실존철학자로 활동하기 전에 정신과 의사로 일했던 카를 야스퍼스(1883~1969)의 초기 공로를 생각해보자. 이미 1912년에 야스퍼스는 어떻게 정신의학이 후설 사상으로부터 유익을 얻을 수 있는지를 설명하는 짧은 논고를 출간했다.[11] 이것은 1년 후에 그의 『정신병리학 총론』으로 전개되었다. 이후 많은 확장판에 등장한 이 이정표적 기여는 정신의학이 어떤 진전을 이루려면 환자의 경험적 관점을 고려해야 한다는 생각을 확고하게 뒷받침했다. 이 책에는 수많은 병리학적 경험에 대한 자세한 설명이 담겨 있으며, 야스퍼스는 정신의학이 어느 정도로 철학적 도구와 그 특징을 필요로 하는지를 크게 강조했다. 그는 "정신과 의사의 역량은 참으로 그의 교육과 지식이 그가 철학 교수진에 속할 수 있는 자격을 얼마나 갖추는가라는 것에 상응한다"고 말했다.[12]

예를 들어 빈스방거(1881~1966), 민코프스키(1885~1972), 블랑켄부르크(1928~2002)를 포함한 스위스, 프랑스, 독일의 많은 저명한 정신과 의사는 이러한 현상학적 정신의학의 전통을 계속 이어갔다. 블랑켄부르크의 주요 저작인 『자연적 자명성의 상실』(*Der Verlust der Natürlichen Selbstverständlichkeit*)은, 한 예로 우리의 세계-내-존재 자체가 정신분열증으로 어떻게 변화되는지를 밝히려는 시도였다. 블랑켄부르크는 정신분열증이 '공통감각의 위기' 또는 '자연적 자명성의 상실'로 특징지어진다고 주장했다.[13] 문제시되는 공통감각이나 자연적 자명성은 '게임의 규칙들',

---

11 Jaspers 1912.

12 Jaspers 1963, p. 36.

13 Blankenburg 1971.

비례에 대한 감각, 적절하고 관련이 있는 것에 대한 취미 등을 말한다. 그 것은 상호주관적인 맥락과 배경에 대한 우리의 선반성적(pre-reflective) 친숙함을 가리키며, 이는 우리가 대상, 상황, 사건 및 타인들의 의미를 자 동적으로 별다른 노력 없이 파악할 수 있게 해준다. 이 상실 때문에 정신 분열증 환자들은 정상적인 사람들에게 명백하게 보이는 문제들에 사로잡 혀 당황할 수 있다. 환자들은 만연해 있는 혼란의 도착 상태에 있음을 스 스로 발견한다. 모든 것은 숙고(deliberation)의 문제가 된다. 한 젊은 여성 은 다음과 같은 방식으로 그런 상황을 기술했다.

> 내가 실질적으로 결여하고 있는 게 무엇일까요? 너무 작고 희극적인 어떤 것이지만 유일무이하고 중요하기 때문에 그것 없이는 살 수 없습 니다. …… 나는 내게 더는 세상에 설 자리가 없다는 것을 알게 되었 습니다. 나는 가장 단순한 일상적인 것들과 관련해 흥미를 잃었습니다. …… 내가 정말 결여하고 있는 것은 '자연적 자명성'입니다. …… 그것 은 지식이 아닙니다. …… 그것은 모든 아이가 갖추고 있는 어떤 것입 니다. 그것은 인간 존재가 삶을 영위하고, 어떤 식으로 행동하고, 타인 과 함께 존재하고, 게임의 규칙들을 아는 데 필요한 가장 단순한 것들 입니다.[14]

많은 현상학적 정신과 의사가 공유하는 중요한 통찰은 현상학의 이론 적 틀이 정신의학에 중요한 도구를 제공할 수 있을 뿐만 아니라 현상학 자체가 정신병리학적 탐구로부터 유익을 얻을 수 있다는 것이다. 왜냐하

---

14 다음 문헌에서 재인용. Blankenburg 1971, pp. 42~43.

면 정상적인 존재의 근본적이면서 종종 당연시되는 특징들이 그들의 병리학적 왜곡에 관한 연구를 통해 두드러질 수 있기 때문이다.

질적 연구

지금 결국 우리가 앞으로 나아가고 있는 것이라면, 최근 몇 년간 질적 연구방법으로 현상학에 관한 관심이 현저히 증가해왔음을 알 수 있다. 이러한 발전은 주로 응용심리학 분야에서 이루어졌지만, 예를 들어 간호학 교육 연구에서도 일어났다. 가장 대중적이고 영향력 있는 세 가지 접근방식, 즉 1) 아메도 조르지(Amedo Giorgi)의 기술 현상학적 방법(descriptive phenomenological method), 2) 막스 판 마넨(Max van Manen)의 해석학적 현상학(hermeneutic phenomenology), 3) 조너선 스미스(Jonathan Smith)의 해석 현상학적 분석(interpretative phenomenological analysis, IPA)을 간략히 제시하고 비교해보겠다.[15]

우리가 보게 될 것처럼 현상학적으로 중요한 것이 무엇인지, 얼마나 좁거나 넓게 정의해야 하는지에 대한 논란이 계속되고 있다. 현상학적 질적 연구는 순수하게 기술적인 것으로 남아 본질적 구조를 드러내려고 해야 하는가, 아니면 오히려 개별 인격의 특수성에 초점을 맞추고 해석을 도입해야 하는가? 후설의 철학적인 방법론 일부를 수용하고 채택해야 하는가, 아니면 오히려 다양한 현상학적 개념과 구별에 따라 연구가 진행되게 해야 하는가?

---

15 몇 가지 추가적인 접근방식에 대한 유용한 설명은 Finlay 2009 참조.

1. 조르지의 접근방식은 매우 명시적으로 후설의 방향에 입각해 있으며, 특별히 자신의 현상학적 심리학이 후설에 의해 발전된 철학적 방법의 적응과 변형을 수반한다고 주장해왔다.[16] 또한 조르지는 어떤 현상학적 방법을 적용하든 간에, 현상학적 철학에 대한 어느 정도의 이해가 필요하다고 주장해왔다.[17] 이 접근법의 가장 중요한 목적은 체험의 본질적 구조에 대한 충실한 설명을 제공하는 것이다. 이 목표를 달성하기 위해 세 가지 핵심요소가 강조되는 경우가 많다. 첫째, 현상학적 심리학자는 현상학적 환원을 채택해야 하며, "그녀에게 어떤 대상이나 사태가 현전하든지 간에 그것을 존재하는 것으로 정립하는 데" 저항해야만 한다.[18] 요컨대, 자신이 경험하고 있거나 다른 사람들에게서 정보를 받는 어떤 사건이 실제로 일어났다고 가정할 것이 아니라 탐구되어야 할 현전으로 경험되거나 기술되는 것에 단적으로 초점을 맞춰야 한다. 이러한 초점으로 인해 단순히 대상에 이끌리는 것을 넘어 충만한 작용-대상 상관관계에 관여하는 것이 가능해질 것이다. 둘째, 현상학적 심리학은 해석적이거나 설명적이라기보다는 기술적이어야만 한다.[19] 심리학자는 주어진 것이 어떻게 경험자에 의해 경험되는지를 기술해야 하며, 이것은 주어진 것을 더하거나 빼지 않고 수행되어야 한다.[20] 사람들은 이전의 이론적 전제들에 힘입어 주어진 것을 해석하는

16 Giorgi 2009, p. 104.
17 Giorgi 2010, p. 19.
18 Giorgi 2012, p. 4. 내가 앞서 초반에 논증했던 것처럼 이러한 환원의 특징화는 문제가 있다.
19 Giorgi 2009, p. 116.
20 Giorgi 2009, p. 9.

일을 피해야 하고, 대신에 무엇이 현행적으로 현전하는지에 대한 높은 인식을 길러야 한다. 마지막으로 우리가 의도해야 할 지식은 일반적이고 체계적이어야 한다. 구체적인 사례의 면밀한 검토에 기초해 불변하는 구조를 추출해야 한다. 조르지의 경우에 현상학적 심리학의 방법은 결과적으로 세 가지 단계를 포함한다. 1) 현상학적 환원, 2) 기술적 초점, 3) 본질에 대한 탐색[21]이 그것들이다.

더 실용적인 지침 측면에서 조르지는 연구자가 참여자들로부터 수집한 설명을 분석할 때 사용해야 하는 여러 단계의 절차를 지지해왔다. 연구자가 전체에 대한 의미를 얻기 위해서는 먼저 전체 기술을 읽어야 한다. 그런 다음에 전체 기술을 더 작은 의미 단위의 집합으로 나누어야 한다. 이러한 각각의 의미 단위에 대해 연구자는 그 심리학적 가치와 의미를 해명해야 한다.[22]

2. 자신의 접근이 지닌 현상학적 성격을 강조하기도 하는 판 마넨은 조르지와는 대조적으로 탐구에 해석학적·해석적 구성요소를 포함할 필요가 있다고 주장한다. 하지만 그는 또한 현상학의 철학적인 성격을 분명하게 명시하고 있다. 조르지와 마찬가지로 현상학에 관심이 있는 질적 연구자들이 이러한 이론적 토대와 함축적 의미에 대해 어느 정도 알고 있어야만 한다고 주장한다.[23] 판 마넨에게 현상학적 노력의 일부는 우리가 사태 자체에 접근하는 것을 구조화하고 때로는 방해하는 다양한 전제들과 가정을 더 잘 인식하는 것이다. 실제로 그의 해석학

21 Giorgi 1994, p. 206.
22 Giorgi 2009, pp. 128~37.
23 van Manen 1990, p. 8.

적 방향설정의 노선과 관련해 판 마넨에게 사태 자체로 돌아감은 우리가 이미 알고 있는 모든 것을 괄호치거나 망각하거나 무시함으로써가 아니라 우리의 믿음과 편견을 해명함으로써 성취된다. 이는 우리가 그 믿음과 편견의 장점을 더 잘 평가하고 그 약점을 더 잘 노출시키는 데 능숙해지기 위한 조치다.[24]

판 마넨은 논의 내내 생활세계, 선반성적 자기인식, 지향성 같은 고전적인 현상학적 개념에 의존하고 그 개념들을 도입한다. 판 마넨은 인간의 역사적·문화적·사회적 위치와 관계없이 그가 모든 인간의 생활세계에서 발견될 수 있다고 주장하는 네 가지 근본적인 실존론적 주제, 즉 시간성, 공간성, 신체성, 그리고 사회성이라는 주제를 지적한다. 그는 이 주제들이 연구과정에서의 초점과 지침 역할을 함으로써 특별하게 도움이 될 것이라는 점을 입증할 수 있다고 믿는다.[25]

판 마넨은 현상학적 연구의 의도, 초점, 성격을 어떻게 이 이상으로 특징짓는가? 그가 제시하는 답은 다소 모순적이다. 때때로 판 마넨은 현상학이 어느 정도로 대체할 수 없는 독특한 철학인지를 강조한다.[26] 그런데 그는 또한 현상학이 단지 특수성에 관한 관심을 넘어 체험의 본질적 측면을 포착하는 것을 목표로 삼아야 한다고 말한다.[27] 판 마넨은 '현상학의 방법은 방법이 없다는 것'이라고 주장하면서도 현상학은 '현재의 인문학 연구 실천을 위한 방법론적 근거'를 제공하는 전통

24 van Manen 1990, p. 47.
25 van Manen 1990, p. 172.
26 van Manen 1990, p. 7.
27 van Manen 1990, p. 62.

이라고도 주장한다.[28] 그리고 판 마넨은 현상학이 어떻게 생활세계에서, 선반성적·전이론적 태도의 세계에서 출발점을 취해야 하는지를 이야기하지만, 또한 현상학의 과제가 분류 및 체계적 분류화 작업에 앞서 선반성적으로 세계를 경험하는 방식을 기술하는 것이라고 반복적으로 주장하기 때문에 이따금씩 현상학이 이 정도 차원에 머물러야 하는 것이라고 주장하는 것처럼 보인다.[29] 현상학 연구의 중요한 부분은 세계에 대한 우리의 선반성적 이해 및 선개념적 파악과 이에 대한 차후의 개념화 및 판단 사이의 이행과정을 이해하는 것이기 때문에, 그가 이렇게 제한을 둔 것은 약간 이상해 보인다. 후설은 『논리 연구』와 그의 후기 작업인 『경험과 판단』에서 이 과정을 기술했다. 또한 이것은 메를로-퐁티와 하이데거가 광범위하게 작업한 주제이기도 하다.

『체험연구』에서 판 마넨은 인문학의 엄밀함이 도덕적 의미에서 강하거나 어려운 것에 달려 있으며, 현상학적 기술은 도덕적 힘을 수반한다고 쓰고 있다.[30] 내가 앞에서 제시한 현상학에 관한 설명에서 판 마넨의 가장 두드러진 출발점은 매우 규범적이며 심지어 때로는 그의 접근의 도덕적 성격에서 발견된다. 자신의 분석을 기반으로 삼아 판 마넨 그 자신이 현대의 가족구조가 참된 부모를 실질적으로 허용하는가라는 물음을 던지는 데서 보듯이, 그는 어떤 이가 참 아버지인지 참 어머니인지를 결정해야 할 위치에 있다고 주장한다.[31] 판 마넨은 결과적

28 van Manen 1990, p. 30.
29 van Manen 1990, p. 9.
30 van Manen 1990, pp. 12, 18.
31 van Manen 1990, p. 108.

으로 일종의 본질주의를 후설의 본질주의와는 매우 다르게 수용하고, 여성애, 모성애, 부성애, 남겨지거나 버려진 느낌 같은 상당히 구체적인 사회문화적 현상에 대한 이데올로기적 분석을 제공하는 데 아무런 거리낌이 없다.[32]

3. 판 마넨의 본질주의는 스미스의 접근과 대조되는데, 스미스는 최근 몇 년간 상담심리학과 응용심리학에서 꽤나 큰 인기를 얻고 있다. 이 방법의 초점은 특정 사건이나 삶의 에피소드가 특수한 개인에 의해 어떻게 경험되는지를 이해하고자 한다는 점에서 개별기술적(idiographic) 이다. 존이 심각한 정신질환을 앓으면서 사는 것을 무엇이라 해야 하나? 조지는 어떻게 노숙자가 되는 것을 경험하는가? 엄마가 된 결과로 앤의 정체성에 대한 인식은 어떻게 바뀌었을까? 결과적으로 IPA(해석적인 현상학적 분석)는 필수적인 구조에는 관심이 없지만 구체적인 탐색과 미세한 세부적 분석을 제공하는 데 관심을 둔다.[33] 게다가 조르지와 달리, 스미스는 일차적으로 후설의 현상학이 아닌 더 넓은 범위의 현상학적 저자들을 끌어온다. 그는 현상학적 환원에 호소하지 않으면서 현상학적 심리학이 순수하게 기술적이어야 한다는 생각을 문제삼는다. 사실, 판 마넨처럼 스미스는 인간 존재로서의 우리가 이미 해석적인 의미형성의 활동에 참여하고 있다고 주장한다. 해석은 우리의 지향적인 삶의 기본구조이며, 그것은 결과적으로 허용될 뿐만 아니라 피할 수 없다는 것이다.[34]

---

32 van Manen 1990, pp. 12, 86, 172.

33 Smith, Flowers, Larkin 2009, pp. 16, 202.

34 Smith, Flowers, Larkin 2009, p. 3.

조르지와 판 마넌의 접근이 지닌 현상학적 지향성은 판명하면서도 인식 가능한 반면, IPA의 현상학적 기원과 특성은 다소 더 의심스럽다. 문제가 되는 접근방식은 분명히 질적이다. 그것은 비환원적이고 풍부한 경험적 설명을 제공하고자 한다. 그러나 문제가 되는 접근방식을 현상학적으로 만들기 위해 행위자/환자/고객의 관점을 단순히 고찰하는 것으로 충분할까? 이는 문제가 되는 접근법을 질적 연구의 다른 접근법과 구별하기에 충분한가? 현상학은 그 기원에 있어 분명한 철학적 전통을 가진다. 현상학적이라고 알려진 질적 연구가 현상학적 철학과 다른 목적을 가지지만, 전자가 후자를 무시하거나 잘못 해석할 때 그것이 현상학적이라는 자격을 얻을 수 있을지는 의문이다. 『해석 현상학적 분석: 이론, 방법, 연구』(2009)와 같은 대중적인 IPA 입문서에는 실제로 후설, 하이데거, 메를로-퐁티, 사르트르의 이론적 작업에 관한 간략한 설명이 포함되어 있지만, 이들의 연구가 실제로 어떻게 활용되고 있고 이후의 방법적 적용에 어떻게 쓰이고 있는지를 알려주는 바는 없다. IPA는 그것이 "미리 정의된 범주 체계를 따른다기보다는" 자신의 "고유한 항목들을" 따라 경험을 검토하려 하기에 현상학적이라고 주장하며,[35] 경험에 주목하고 경험을 조사하는 방법도 현상학에서 비롯한 제안을 이어받은 것이라고 말한다. 현상학에는 이보다 훨씬 더 많은 것이 있다는 지적에 직면하면, 이들은 "철학만이 현상학을 점유하는 것은 아니다"라고 답한다.[36] 또한 철학자들이 우리 모두가 하고 있던 무언가를 공식화하는 일을 해왔다고 응수한다.[37]

---

35 Smith, Flowers, Larkin 2009, p. 32.

36 Smith, Flowers, Larkin 2009, p. 32.

37 Smith, Flowers, Larkin 2009, p. 33.

이는 꽤나 불만족스러운 대답이다. 이러한 답변은 — 상식적인 상투적 말만 늘어놓은 것이 아닌 — 후설, 하이데거, 메를로-퐁티 같은 철학자들의 실제적 기여를 경시하고 있을 뿐만 아니라 주체의 경험에 호소하는 것이 현상학 이외의 다른 분야와 전통에서 어느 정도까지 발견될 수 있는지를 인식하는 데 실패한다.

현상학이라는 용어에 저작권이 있는 것은 아니며, 이를 이상하게 사용하는 다른 예가 우리 시대의 풍경에서 발견될 수 있다.[38] 그러나 IPA는 자체적인 방식대로 자신을 호명함으로써 자신의 노력과 현상학적 연구 전통 사이의 연관성을 분명히 강조하기를 원한다. 하지만 그 연관성이 상당한 것인지는 분명하지 않으며, 조르지가 IPA 대신 IEA, 즉 해석적인 경험적 분석(Interpretative experiential analysis)이라고 불렀더라면 더 좋았을 것이라고 썼을 때 그 말에 동의하지 않기란 어려운 일이다.[39]

방금 개괄한 질적 연구에 대한 세 가지 접근법 중 조르지의 접근법이 그래도 가장 정통적이며, 본래의 현상학적 원천에 최대한 충실하려고 애쓴다. 조르지는 자신의 작업에서 엄밀하고 정교하며 시간이 오래 걸리는 방법을 고수하는 것의 중요성을 강조했다. 하지만 방법의 가치는 엄밀함이나 정통성에서만 파생되는 것이 아니라 주로 그것이 전달하는 결과가 어떤 것인가라는 데서 파생된다. 그것들은 얼마나 유익하고 어떤 것을 얼마나 잘 드러내는가? 예를 들어 질투나 사회불안을 탐구하는 데 조르지

---

38 '현상학'이라는 용어의 활용은 인지과학과 분석적 심리철학의 일부에서 널리 사용되고 있지만, 많은 경우에 '현상학'은 단순히 경험의 질적 성격에 관한 호칭으로 사용된다. 결과적으로 그것은 경험의 차원을 지정하기 위해 사용되며 방법과 전통 또는 이론으로 간주되지 않는다.

39 Giorgi 2010, p. 6.

의 현상학적 방법이 어떻게 사용됐는지 볼 때,[40] 거기서 얻은 결과를 셸러와 사르트르, 그리고 하이데거가 제시한 수치심이나 불안 같은 감정에 대한 현상학적 분석과 비교할 뿐만 아니라 현상학의 초창기 세대의 현상학적 심리학자들 및 현상학적 정신의학자들의 연구가 제시한 통찰력 있는 조사와 비교할 때 그 결과에서 별다른 감흥을 느끼기란 어려운 게 사실이다.

때때로 방금 설명한 질적 연구에 대한 세 가지 접근법의 방법론적 엄밀함에 대해 유보적 견해를 밝힌 비판적 목소리가 있었다. 가장 최근의 신랄한 비판은『질적 연구로서의 현상학: 의미 속성에 관한 비판적 분석』(*Phenomenology as Qualitative Research: A Critical Analysis of Meaning Attribution*, 2017)이라는 제목을 단 존 페일리(John Paley)의 저서에서 찾을 수 있다. 이 책의 첫머리에서 페일리는 질적 연구방법으로서의 현상학에 대한 비판적 평가는 현상학적 철학과 완전히 무관하게 수행되어야 한다고 주장한다. 왜냐하면 현상학적 철학의 "대단히 복잡한 주름(convolution)"은 "단지 집중을 방해하는 것에 불과할 수 있기" 때문이다.[41] 실제로 그의 설명에 따르면, 후설은 "고의로 모호해지려 했을 수 있다".[42] 이런 저작에서, 페일리는 자신의 연구를 잘못 해석한 철학 작가들에게 호소하다가 이후에도 자신에 대한 다양한 잘못된 해석을 제시한 질적 연구자들을 맹렬하게 비난했다.[43] 이것은 그다지 유망한 계획은 아니며, 페일

---

40 Giorgi 2009; Beck 2013.

41 Paley 2017, p. 3.

42 Paley 2017, p. 7.

43 결국 페일리는 후설의 현상학이 자연에서 유아론적이며, 순수하고 고립된 개인의 의식에 호소해 외부 세계를 설명하려 하고 있으며, 후설이 경험의 일반 구조를 본질적

리가 결국 도달한 결론이 매우 비판적이라는 것은 놀랄 일이 아니다. 그의 관점에서 보면, 우리가 조르지를 다루건 스미스를 다루건 판 마넨을 다루건 간에, 이런 것과는 무관하게 "기준의 부재는 그들의 절차를 임의적인 것으로 만들고, 특정 개인 특유의 기이함이 스며들 수 있는 공백을 만들어낸다."[44] 페일리 자신은 내재적 의미나 본질적 의미 같은 것은 존재하지 않는다는 견해에 몰두하고 있으며, 결과적으로 그는 현상학자들이 무엇을 탐구하건 외재적 이론을 강요하는 것을 피할 수 있다고 믿는다고 트집을 잡는다. 페일리에게 의미는 우리가 당면한 데이터를 가져오는 데서 비롯하는 어떤 것이며, 또한 우리는 인과적 배경이론과 이것들로부터 도출된 추론을 기반으로 삼아 탐구한다.[45] 페일리는 조르지와 스미스, 그리고 판 마넨이 '현상'이나 '경험' 또는 '의미'를 말할 때 이것이 어떤 의미인지 전혀 명확하게 정의하지 않았다고 계속 비난하면서도,[46] '이론'과 '추론'에 대해 그 자신이 무엇을 의도하고 있는지 명확한 정의를 제시하지 못하는 것은 다소 아이러니한 부분이다. 그는 어떤 한 대목에서 그 용어의 의미를 매우 부정확한 채로 내버려두는 광범위한 사례들[47]과 관련지어 이론과 추론 개념을 예시한다. 만일 그것이 얼마나 비체계적이고 비구성적인지와는 무관하게 어떤 일군의 배경지식이 이론을 구성하기 위해 받아들여진다면, 또한 만일 어떤 것을 어떤 것으로 본다는 것이 이미 추

으로 오류 없는 방식으로 설명할 수 있다고 주장했다면서 이를 차례대로 논증했다 (Paley 1997, p. 190; Paley 2017, p. 65).

44 Paley 2017, p. 147.
45 Paley 2017, pp. 5, 114~17.
46 Paley 2017, p. 28.
47 Paley 2017, p. 112.

론적인 것이라면 우리가 이론과 추론을 거의 모든 곳에서 발견할 수 있다는 것은 그리 놀라운 일이 아니다. 그러나 이러한 편재성에 대해 지불해야 할 대가는 두 개념이 상당히 희석되고 공허해진다는 것이다.

여기서 페일리의 비판과 그의 대안을 더 포괄적으로 평가하는 것은 무리겠지만,[48] 그가 현상학과 심리학, 정신 연구를 통합하는 다른 현대적 방법의 존재를 간과할 정도로 조르지와 스미스, 그리고 판 마넨을 비판하는 데만 몰두하고 있다는 점은 주목할 만하다. 질적 연구에 대한 다른 현상학적 접근의 진보와 더불어 또 다른 발전이 일어났는데, 그 발전은 주류 인지과학과 훨씬 더 많이 관련되어 있고 신경현상학(neurophenomenology) 및 자연화된 현상학(naturalized phenomenology)이라는 호칭과도 연관되어 있다.

자연화된 현상학

현상학적 분석과 자연주의적 의식 모형 사이의 간극을 메울 수 있는가? 20세기 초부터 이 문제가 논의되었는데, 칠레의 신경과학자인 프란시스코 바렐라(1946~2001)의 연구가 이 문제에 대한 관심을 다시 불러일으켰다는 데는 의심의 여지가 없다.

1990년대까지 다수의 출판물에서 바렐라는 인지과학의 새로운 접근 방식을 간략히 설명했는데, 이 접근방식은 현상학적으로 분류된 체험에 관한 분석에서 비롯한 데이터와 인지 신경과학에서 발견된 실험을 기반으로 삼은 설명에서 비롯한 데이터를 동일한 지위를 가진, 상호제약에 의

---

48 이에 대한 답변에 대해서는 Giorgi 2017; van Manen 2017 참조.

해 서로 연결된 것으로 간주했다.[49] 바렐라가 지적한 바와 같이, 인지과학이 그 목표, 즉 참된 과학적 의식 이론을 제공하려는 목적을 성취하기 위해 존재한다면 인지과학은 현상학적 차원을 무시할 수 없고 무시해서도 안 된다. 만일 그렇게 되면, 그 차원이 설명주제(explanandum)의 중요한 부분을 무시하게 될 것이기 때문이다. 달리 말해 우리의 의도가 마음을 포괄적으로 이해하는 것이라면, 경험 자체의 성질과 구조를 고려하지 않고 경험의 기초가 되는 하부인격적 사건의 본성에 협소하게 초점을 맞추는 것은 우리의 의도를 더 멀리 확장시키지 못하게 만들 것이다. 좀 더 구체적으로 바렐라는 만일 우리가 상호주관적 검증을 위한 방법과 절차를 활용할 수만 있다면, 주관적 차원이 본질상 상호주관적 검증에 개방되어 있다고 주장했다. 그는 고전적인 철학적 현상학이 그러한 방법을 제공했다고 생각했으며, 인지과학자들이 실제로 후설과 메를로-퐁티가 발전시킨 방법론적 도구 중 일부를 사용하는 법을 배운 것이 인지과학의 향후 발전에 중요하다고 생각했다.[50]

메를로-퐁티의 영감은 특히 뚜렷하다. 이미 1942년 그의 첫 번째 출간작인 『행동의 구조』에서, 우리는 메를로-퐁티가 프로이트, 파블로프, 코프카, 왓슨, 왈롱, 피아제 같은 심리학자들의 연구에 관여하고 있음을 발견했다. 경험 연구에 대한 이러한 관심은 현상학에 대한 그 중요성과 관련해 메를로-퐁티의 상당수 후기 저작에서 두드러졌다. 『지각의 현상학』에서 신경병리학의 활용과 언급(뇌손상 환자 슈나이더에 관한 겔프와 골트슈타인의 분석)은 특히 잘 알려져 있다. 1949년부터 1952년까지 몇 년 동안

49 Varela 1996.
50 Varela 1996, 1997; Petitot et al. 1999.

메를로-퐁티는 소르본 대학교에서 발달심리학까지 가르쳤다. 전체적으로 메를로-퐁티는 현상학과 경험과학의 관계를 이미 획득한 현상학적 통찰을 단순히 적용하는 방식에 관한 물음으로 파악하지 않았다. 메를로-퐁티의 견해는 오히려 양측이 이 대화와 교환의 결과로 유익을 얻을 수 있고 양자 모두 번성할 수 있다는 것이었다.

이미 일찍부터 "직접적 체험의 현상학, 심리학, 신경생리학 사이의 상호조명을 주장했던 사람"으로 메를로-퐁티를 꼽은 바렐라의 더 구체적인 제안 중 하나는,[51] 신경과학연구소의 의식 실험 프로토콜에 현상학적 형태의 탐구를 포함해야 한다는 것이었다. 참여 주체들이 그들이 미리 파악한 관념과 이론을 제쳐두고 평소 눈에 띄지 않는 의식의 차원과 양상에 초점을 맞추기 위해 경험 자체에 그들의 관심을 집중하게끔 교육해야한다. 그런 다음에 개방형 질문 형식을 사용해 이러한 경험에 대한 세심한 기술을 제공하기를 요청해야 한다. 이어지는 기술은 차후에 상호주관적으로 검증될 수 있으며, 그런 다음 연관된 신경생리학적 과정에 관한 분석과 해석에서 사용될 수 있다.[52]

이 분야에 대한 바렐라의 초기 출간작은 현상학과 인지과학의 관계에 관한 격렬한 논쟁을 불러일으켰다. 더 일반적으로는 현상학이 자연화될 수 있는지, 그리고 자연화되어야 하는지에 관한 논쟁을 불러일으켰다.[53] 놀랄 것도 없이 해당 논쟁의 한 가지 쟁점은 자연화가 함축할 수 있는 게 정확히 무엇인가를 둘러싼 물음이었다.

---

51 Varela, Thompson, Rosch 1991, p. 15.

52 Lutz et al. 2002.

53 예를 들어 다음 문헌을 보라. Gallagher 1997, 2003; Lutz & Thompson 2003; Zahavi 2013; Thompson 2007; Gallagher & Zahavi 2012.

한 가지 해답은 바렐라가 공동편집한 1999년의 획기적 저작인『자연화한 현상학』(*Naturalizing Phenomenology*)의 긴 서문에서 찾을 수 있다. 거기에서 네 명의 편집자는 자신들의 궁극적인 목표가 의식에 대한 자연적 설명, 즉 자연과학에서 인정하는 존재자와 속성에만 호소하는 설명이어야 하며, 이를 위해서는 자연과학의 설명적 틀 속으로 현상학이 통합되어야 한다고 주장했다.[54] 이 제안에 의하면, 현상학을 자연화하기 위해서는 현상학을 자연과학의 일부 또는 적어도 자연화의 확장된 대상으로 만들 필요가 있다. 그러나 동시에 편집자들은 자연과 객관성 개념 자체를 다르게 제시할 필요가 있다고 말했고, 과학적 객관성이 관찰자의 독립적 실재에 대한 헌신을 전제로 한다는 생각은 버릴 필요가 있다고 주장했다.[55]

다소 다른 제안에 의하면, 현상학을 자연화하는 것은 좀더 단순하게 현상학이 경험 연구로 인해 알려지게 하고, 현상학을 경험 연구에 참여하도록 하는 것을 의미한다. '사태 자체로 돌아가라'라는 현상학적 슬로건은 우리의 이론이 우리 경험의 인도를 받아야 한다고 주장한다. 우리는 우리가 실재를 경험하는 방식에 주목해야 한다. 경험과학자들이 깊은 철학적 문제에 특별하게 관심을 두지 않을 수도 있지만, 연구자로서 그들은 구체적인 현상에 주의를 기울이며, 같은 이유로 전통적인 탁상공론을 일삼는 철학자들보다 이러한 현상의 풍부함과 복잡성 및 다양성을 과소평가하는 경향을 덜 가질 수 있다.

---

54 Roy et al. 1999, pp. 1~2. 한 가지 비판적 논의와 관련해서는 Zahavi 2004 참조.
55 Roy et al. 1999, p. 54. 이 후자의 생각이 함께 쓴 서문에서 더 자세히 논의되지는 않지만, 다음 문헌에서 계속되어 더 발전되기에 이른다. Thompson 2007.

현상학은 지각, 상상, 신체 자각, 주의, 지향성, 사회적 인식, 그리고 자기의식 같은 의식의 다양한 측면을 탐구했지만, 이 다양한 주제들은 경험 연구에 의해 탐구된다. 아울러 이미 주장했듯이, 현상학이 이러한 주제에 속하는 경험적 발견들을 단순히 무시하는 것은 잘못된 일일 것이다. 반대로 현상학은 가장 활용하기 좋은 과학적 지식에 의해 알려져야 한다. 경험과학은 단순히 무시할 수 없고 수용할 수 있어야 하는 구체적인 발견, 즉 자신의 고유한 분석을 정제하거나 수정하기를 강요할 수 있는 증거와 더불어 현상학을 제시할 수 있다. 동시에 현상학은 설명주제에 관한 고유한 세심한 기술을 제공할 뿐만 아니라 새로운 실험 패러다임의 개발에 도움이 될 수 있게끔 경험과학이 만들어낸 이론적 가정 중 일부를 비판적으로 조명하고 그것에 도전할 수도 있다. 따라서 갤러거가 제안했듯이, 현상학적 분석에서 발전된 통찰은 실험의 설정방법 및 인터뷰 수행방법을 알려줄 수도 있다.[56]

주류 인지과학의 많은 옹호자가 보기에 자연화한 현상학은 여전히 논란의 소지를 안고 있다. 비록 적지 않은 이들이 이제 의식의 과학적 탐구가 문제의 경험적 측면을 고찰하고 다루어야 한다는 것과 현상학의 비기술적(non-technical) 의미가 결과적으로 적절한 것일 수 있다는 점을 인정할 준비를 하고 있을 수 있지만, 대다수는 그들이 고전현상학적 철학에서 발견되는 조금 더 방법론적인 절차나 이론적 가정 가운데 어떤 것을 수용하거나 수용해야 한다는 제안을 거부할 것이다. 신경현상학이 인지과학에서는 소수 견해로 계속 남아 있지만, 바렐라와 톰슨, 갤러거 등의 초기 출간작은 치열하고 지속적인 논쟁을 촉발했다. 그것은 『현상학과 인

---

56 Gallagher 2003.

지과학』(*Phenomenology and the Cognitive Sciences*)이라는 학술지의 창간으로 이어졌고, 체화된 인지와 의미 형성에 관한 연구 같은 여타 관련 분야의 지속적인 발전에서도 그 영향력을 입증했다.

잠시 질적 현상학 연구에 관한 페일리의 비판으로 돌아가보자. 페일리는 현상학에 관한 더 기술적인 접근과 더 해석적인 접근 사이의 불일치가 매우 희미한 터무니없는 견해 차이에 불과하다고 주장한다. 왜냐하면 기술하고 해석하는 것보다 훨씬 더 중요한 일이 있기 때문이다. 즉 "설명하고, 이론화하고, 모형을 만들고, 시험하고, 가설을 제시하고, 평가하고, 추론하고, 시뮬레이션하는 것" 등이 그런 중요한 일이다.[57] 그는 왜 현상학적 질적 연구자들이 원인과 모형, 메커니즘에 관심을 두지 않으려고 하는지, 그리고 왜 그들이 인과론적 메커니즘의 존재를 배제하고 기술되거나 해석되어야 할 현상으로 나타나는 세계만을 취하는 평면적 환원주의에 몰두하는지 의아해한다.[58] 자연화된 현상학의 한 형태를 추구하는 이들의 야심과 전략을 고려할 때, 이러한 비판은 완전히 그 초점을 상실해버린 것이라는 점을 분명히 해야 할 것이다. 이를 더욱 명확하게 하고자 세 가지 구체적인 사례를 간단히 고찰해보자.

1. 제7장에서 나는 체화에 관한 현상학적 분석의 다양한 측면을 제시했다. 우리는 현상학자들이 다양한 방식으로 선반성적 신체 자각의 중요성을 어떻게 강조하는지 보았다. 신경병리학에 관한 최근 문헌은 이러한 암묵적인 신체 자각의 다양한 장애에 관한 풍부한 설명을 제공하

며, 이는 이후 현상학의 영향을 받은 연구자들에 의해 논의되고 있다. 예를 들어 조너선 콜이 19세에 질병으로 인해 자기 신체의 목 부분 아래의 모든 촉각과 자기수용 감각을 잃은 이언 워터먼(Ian Waterman)을 주의 깊게 분석한 내용을 고찰해보자.[59] 장애가 시작된 직후에 워터먼은 다리나 몸 전체를 움직이려 할 때 움직임을 시작할 수는 있었지만 움직이는 부분이 어디서 끝나는지를 통제하지 못했다. 그가 어떤 것을 향해 손을 뻗으면 그 손은 빗나가거나 목표 대상을 마구 지나쳐서 뻗쳐지게 되고, 그가 그의 손을 주시하지 않는 한, 그 손은 '방황하기' 시작할 것이며, 그는 단지 시각을 통해서만 손의 방향을 재배치할 수 있을 것이다. 매우 어려운 학습과정을 거친 후에야 그는 자신의 동작을 어느 정도 통제할 수 있었다. 하지만 그의 신체에 대한 자각은 변형되었다. 신체 움직임에 대한 일상적인 선반성적 자각은 더 이상 작동하지 않고 활용 가능하지 않았으며, 이제 그것은 반성적 신체 자각으로 대체되었다. 움직임 하나하나에는 밀도 있는 정신 집중과 시각적 감시가 필요했다. 의자에서 미끄러져 넘어지지 않고 앉는 데도 끊임없는 주의가 필요했다. 서 있을 때, 워터먼은 눈을 감거나 불이 꺼지거나 재채기를 하게 되면 넘어지기 십상이었다. 시간이 흐르면서 워터먼은 더 능숙하게 걷게 되었다. 더 이상 주의할 필요가 없었기 때문이 아니라 끊임없는 연습의 결과로 의도적인 통제를 가하는 게 덜 부담스러워졌기 때문이다.[60]

한편으로 이 사례 연구는 행동 능력이 우리의 선반성적 신체 자각

59 Cole 1995.
60 Gallagher & Cole 1995.

에 얼마나 의존적인지, 그리고 이 자각력의 손상으로 인해 얼마나 극적으로 장애가 나타나는지 보여준다. 그만큼 해당 사례는 몇몇 현상학적 구별과 분석의 경험적 적절성을 잘 보여주는 좋은 예시가 될 수 있다. 그러나 다른 한편으로 워터먼의 사례는 또한 몇몇 고전적인 현상학적 설명을 재검토하기를 우리에게 강제할 수 있다. 자기수용 감각의 완전한 결여에도 불구하고, 워터먼은 어느 정도 자신의 신체를 통제하고 재전유할 수 있었다. 이것은 우리가 가정했던 것보다 더 탄력적인 상황이 있을 수 있다는 것을 시사할 뿐만 아니라 고전현상학자들이 예견하지 못했을 수 있는 보정 전략(compensatory strategies)을 활용하는 게 가능하다는 점을 시사한다.[61]

2. 두 번째 예는 발달심리학의 영역에서 나온다. 제8장에서 우리는 현상학자들이 이론 주도적인 추론과정에 상호인격적 이해의 핵심이 있다는 제안을 어떻게 비판해왔는지, 그 대신에 그들이 어떻게 해서 상호주관성 문제에 체화된 지각의 접근방식을 취했는지를 살펴보았다. 후자에 대한 현상학자들의 설명은 많은 면에서 유아와 어린아이들에게서 발견되는 근본적이지만 원시적인 형태의 사회적 이해를 탐구했던 많은 발달심리학자에 의해 입증되고 다듬어졌다. 반면에 우리는 성인

---

61 더 가까운 현상학적 검사에 걸맞은 또 다른 신경병리학이 잠금 증후군(locked-in syndrome, LIS)이다. 이것은 환자에게 의식적·인지적 장애는 없지만, 마비가 일어나 언어로 의사소통할 수 없는 상태를 뜻한다. 환자는 종종 수직으로 눈의 움직임과 깜박임의 통제력을 유지해 눈 깜빡임을 통해 비언어적으로 의사소통할 수 있다. LIS가 자기-경험, 사회적 상호작용, 세계-내-존재 일반에 어떻게 영향을 끼치는지 이해하는 것만이 아니라 그 실존, 특히 많은 환자가 놀랄 만큼 높은 삶의 질을 유지한다는 보고가 있다는 사실 또한 체화의 역할과 중요성에 관한 새로운 반성을 필수적으로 요구한다.

의 삶에서 확실히 정신 상태의 추론적 귀인(inferential attributions)을 타인에게 행사하는데, 그러한 귀인을 어린 유아들에게서 발견되는 부드럽고 즉각적인 상호인격적 상호작용 — 종종 일차적 상호주관성이라고 불리는 것 — 의 기초라고 간주할 수는 없다.[62] 아주 초기부터 유아들은 생물적 대상과 무생물적 대상을 선별할 수 있고, 생물학적 움직임과 비생물학적 움직임을 구별할 수 있다. 로샤와 스트리아노는 유아기의 사회 인지적 발달에 관한 연구를 조사하고 요약한 논문에서 유아가 사회적 자극에 대해 본질상 선천적인 민감성을 나타내며, 약 2개월부터는 이미 놀이를 하면서 초기 상호주관성 형태로 존재한다고 보았다. 아울러 그들은 유아는 공유된 경험 및 타자들과의 상호성에 관한 감각을 지니고 있고,[63] 또한 "어린 유아들과 그들을 돌보는 이들 사이의 상호적 상호작용에서 일어나는 정서와 느낌, 감정의 반향"이 "마음에 관한 이론을 포함한 더 진전된 사회적 인식의 발달에 중요한 요소가 된다"는 결론을 내린다.[64] 생후 2~3개월 된 영유아는 웃고 목소리를 냄으로써 이미 타인과의 '원형 대화'에 참여할 것이며, 대화 상대자와의 소통 시기와 강도를 다양하게 할 수 있는 역량을 선보일 것이다. 사실, 유아들은 사람들이 얼굴 대 얼굴의 상호작용에서 그들과 상호적으로 소통하기를 기대하는 것처럼 보이는데, 그들은 그 상호작용을 지속하고 규제하기 위해 능동적으로 움직일 것이다.

발달심리학에서의 발견은, 예를 들어 공감에 대한 현상학적 작업에

62 Trevarthen 1979.
63 Rochat & Striano 1999, p. 4.
64 Rochat & Striano 1999, p. 8.

서 발견되는 핵심 주장을 확증할 수 있는 데 그치지 않는다.[65] 그 발견은 또한 다양한 특정 사회적 현상에 관한 훨씬 더 상세한 설명을 제공한다. 마지막으로 그들은 현상학자들이 제시한 주장 중 일부에 이의를 제기할 수 있다. 예를 들어 메를로-퐁티는 자기 시대의 경험 연구를 끌어와 출생 때에는 자기와 타자 간의 구별이 없고 유아들만이 생후 6개월 어간에 타자들을 지각하기 시작한다고 주장했다.[66] 후속 연구들은 이 주장에 의문을 제기하고 있다.[67]

3. 내가 고려하고 싶은 마지막 예는 정신병리학에서 가져온 것이다. 현상학적 정신의학의 전통은 블랑켄부르크로 끝나지 않고 계속 번성해왔다. 현재 파르나스와 사스, 푹스 같은 인물들로 대표되는데, 이들은 모두 정신분열증에서 발견되는 혼란스러운 자아 경험 및 세계 경험을 세심하게 분석해왔다.

최근 들어 조현병의 조기 발견과 치료에 관한 관심이 높아지고 있다. 거칠게 말하자면, 치료를 일찍 시작할수록 예후가 좋다. 이러한 초점은 정신적으로 불안한 자기-현전, 타자들과는 근본적으로 다른 존재의 의미, 또는 암묵적인 사회 규범에 대한 근본적인 혼동과 같은 비-정신병적인(예를 들어 비-환각적, 비-망상적인) 경험적 이상성(anomalies)의 발생에 관한 관심을 증대시켰다. 왜냐하면 이러한 이상성의 현전은 초기의 감별 진단에 도움을 줄 수 있기 때문이다.

---

65 Zahavi 2014를 보라.

66 Merleau-Ponty 1964c, pp. 119, 125.

67 Gallagher & Meltzoff 1996.

2005년에 한 연구팀은 EASE(익명적 자기-경험에 관한 검토Examination of Anomalous Self-Experience)라고 불리는 질적·반-정량적 심리평가 체크리스트(qualitative and semi-quantitative psychometric checklist)를 공동으로 개발했다.[68] 다년간의 임상작업에 바탕을 두면서 철학적 현상학에서 발견된 아이디어에 영감을 얻고 영향을 받은 이 체크리스트는 주관적 경험의 미묘한 동요에 대한 체계적인 임상 탐구 및 종합 평가를 지원하기 위해 고안되었다. EASE 매뉴얼은 다섯 가지 영역의 항목으로 구성되며, 각 항목은 환자의 불만 및 자기묘사의 원형적 예제의 도움을 받아 예시된다. 다섯 가지 영역은 (i) 인식과 의식의 흐름, (ii) 자기에 대한 자각과 현전, (iii) 신체 경험, (iv) 구획/이행성, (v) 실존적 방향 전환이다. 증상은 있음 또는 없음, 그리고 5점(0–4)으로 매기는 심각도/빈도 측정 기준으로 평가될 수 있다.

이 결과들은 특히 자기-장애 및 당혹감 등 비정상적인 주관적 경험의 현전이 중요한 예후 지표이며, 조현병 발병 위험이 큰 이들을 감별하는 데 도움이 될 수 있음을 보여준다.[69] 그러나 조기 발견과 치료적 개입이 가능하므로 환자에게 직접적인 이득이 되는 것 이외에 초기 증상에 관한 연구도 조현병의 본질적인 핵심을 더 잘 파악할 수 있게 할 것이라는 주장도 있다. 사실, 사스와 파르나스는 자기-장애가 병원(病原)의 역할에 속한다고 간주할 수 있다고도 주장하는데, 왜냐하면 그것이 차후의 정신병리학 출현을 뒷받침하고 형성하기 때문이다.[70]

---

68 Parnas et al. 2005.

69 Nelson, Thompson, Yung 2013; Møller et al. 2011.

70 Sass & Parnas 2003, p. 428.

현상학적 인터뷰

이제 현상학적 인터뷰라는 주제로 돌아가보자. 조르지에게 첫 목표는 참여자로부터 가능한 한 완전한 경험적 기술을 얻는 것이다. 참여자가 경험에 대해 말하는 한, 우리는 그녀 스스로 말하게 해야 한다. 만일 그녀가 인터뷰에서 멀어지기 시작하고 그 대신에 그녀의 경험을 이론화하기 시작한다면, 인터뷰 진행자는 부드럽게 참여자를 다시 기술적 설명으로 인도해야 한다.[71] 조르지가 쓴 것처럼 현상학 연구자는 "구체적인 세부 사항이나 내용이 무엇이든 상관하지 않고, 연구되고 있는 경험을 진정으로 드러낼 뿐이다".[72] 조르지의 방법에 관한 최근 적용 사례 가운데 하나로서, 벡은 사회불안에 대한 연구를 위해 세 주체가 어떻게 선택되었는지 설명한다. 그들은 적어도 한 번은 사회적 불안을 느꼈다고 보고해야 했고, 또한 그 경험을 풍부하게 기술할 수 있을 만큼 세세하게 기억을 해내야만 했다. 인터뷰는 테이프에 녹음되었으며, 후속 질문은 기술의 특정 부분이 명료성이나 깊이가 부족한 것처럼 보일 때만 사용되었다.[73]

이러한 무간섭적 접근방식은 현상학에서 영감을 얻은 연구자가 채택한 다른 두 가지 인터뷰 기법과 대조되어야 한다. 두 경우 모두 해결 과제는 같다. 만일 인터뷰하는 참여자, 그리고 공황 발작을 일으키는 것이 어떤 것인지 또는 정신질환이 있으면서 사는 것이 어떤 것인지 풍부한 설명을 해주기를 요구받는 참여자가 매우 거칠고 피상적인 기술만 제공할 수 있

---

71 Giorgi 2009, p. 122.
72 Giorgi 2009, p. 123.
73 Beck 2013, p. 188.

다면 어떻게 해야 하는가?

한 가지 전략은 바렐라의 접근법과 제안을 더욱 발전시키고 참여자들이 더 나은 관찰자와 기술하는 자가 되도록 훈련을 받는 것이다. 심리학자 베르메르슈와 프티망갱은 미시-현상학적 인터뷰(micro-phenomenological interview) 방법이나 답변 유도 인터뷰(elicitation interview)로 알려진 방법을 사용하는 것이 여태까지 참여자의 경험에서 눈에 잘 띄지 않은 측면과 그 경험의 미묘한 세부 사항을 발견하고 기술할 수 있도록, 자신의 관심 영역을 점진적으로 펼쳐내고 확장하는 쪽으로 해당 주체를 안내하는 것을 인터뷰 진행자에게 가르칠 수 있다고 주장했다.[74]

EASE를 가지고 작업하는 현상학적인 정신과 의사들은 또 다른 전략을 추구했다. EASE 매뉴얼에서 제공하는 체크리스트를 사용해 정신과 의사들은 참여자들과 사전에 상황을 주도하는 예비적인 탐구적 관계를 맺는다. 경험의 구체적 차원과 구조에 관해 물음으로써 정신과 의사들은 특수한 적합성이 있다고 여겨지는 다양한 영역과 관련해 환자들로부터 기술을 끌어낼 수 있었다. 여기에는, 예를 들어 신체적·시간적·사회적 차원, 즉 바로 현상학적 철학자들에 의해 강조된 차원들이 포함된다. 이러한 접근의 현상학적 성격은 단순히 특정 인터뷰 기법을 채택하거나 환자로부터 1인 보고서를 도출하는 데 관심을 두는 데서 찾을 수 있는 것이 아니다. 그것은 또한 그 주체가 자신과 세계, 그리고 타자들과의 관계구조에 관한 포괄적인 이론 체계를 채택하는 일에 관한 것이다.

질적 연구와 임상 실습에서 현상학적 아이디어를 어떻게 채택하고 적

---

74 Depraz, Varela, Vermersch 2003; Petitmengin 2006; Vermersch 2009; Petitmengin & Bitbol 2009를 보라.

용하는 것이 최선인지에 대한 논쟁은 계속될 수밖에 없다.[75] 몇 가지 제 안으로 이 장을 마무리하고자 한다.

마지막 제안

질적 연구 문헌에서 현재 찾아볼 수 있는 다른 제안을 넘어서 보는 것이 중요하다. 고전현상학적 심리학자들의 연구와 현상학적 정신의학의 전통, 그리고 자연화된 현상학의 현대적 논의에서 발견되어야 할 중요한 이론적 원천과 방법론적 지침이 있다. 후자의 논의에서 충분히 증명되었듯이, 현상학은 이용 가능한 데이터의 처리와 분석 및 해석뿐만 아니라 예를 들어 특별한 인터뷰 기법을 통해서 또는 실험 설계에 영향을 끼침으로써 데이터를 얻는 방법에도 차이를 만들 수 있다.

현상학적이라는 호칭을 붙일 수 있는 모든 방법과 절차 또는 접근법은 현상학적 이론에 익숙해야만 가능해진다. 이것은 필수적인 요구사항이다. 그러나 비철학적 맥락에서 생활세계, 지향성, 공감, 선반성적 경험, 지평, 역사성, 살 등과 같은 핵심적인 현상학적 개념을 적절하고도 창조적으로 사용하는 것이 에포케와 환원의 수행에 엄격하게 집착하는 것과 이를 고수하는 것보다 더 가치 있고 생산적인 일이 될 것이다. 왜냐하면 후자의 절차들은 명시적인 철학적 초점과 의도를 가지기 때문이다.

궁극적으로 응용현상학에 관심이 있는 사람들은 실용적인 태도를 채택해야 하고, 그 절차가 현상학을 적용하는 방법에 대한 후설이나 메를로-퐁티의 고유한 생각과 얼마나 일치하는가라는 데에는 너무 많은 관

---

75 최근의 기여와 관련해서는 Høffding & Martiny 2016을 보라.

심을 두지 말아야 한다. 결국 결정적인 질문은 연구나 관행이 정통 현상학으로서의 자격을 가졌는가라는 것이 아니라 높은 질적 수준을 가졌는가다. 좋은 현상학적 연구로서의 자격을 갖추기 위해 채택된 현상학적 도구는 그 우수성을 보여주어야 하고, 가치 있는 차이를 만들어내야 하는데, 이를테면 새로운 통찰을 제시하거나 더 나은 치료적 개입이 나올 수 있게 해야 한다. 우리는 그런 개입이 전달하는 결과에 근거해 그 절차의 가치를 평가해야 한다.

더 읽을 거리

- Matthew R. Broome, Robert Harland, Gareth S. Owen, and Argyris Stringaris (eds.), *The Maudsley Reader in Phenomenological Psychiatry*, Cambridge: Cambridge University Press, 2012.

- Linda Finlay, "Debating phenomenological research methods", *Phenomenology & Practice* 3/1, 2009, pp. 6~25.

- Shaun Gallagher and Dan Zahavi, *The Phenomenological Mind*, 2nd edition, London: Routledge, 2012(국역본: 숀 갤러거·단 자하비, 박인성 옮김, 『현상학적 마음』, 도서출판b, 2013).

- David Katz, *The World of Touch*, trans. L. E. Krueger, Hillsdale, NJ: Lawrence Erlbaum Associates, 1989.

- Jean Petitot, Francisco J. Varela, Bernard Pachoud, and Jean-Michel Roy (eds.), *Naturalizing Phenomenology*, Stanford: Stanford University Press, 1999.

결론

스티븐 크로웰은 언젠가 현상학의 미래 전망이 그것을 받아들이는 사람들의 재능에 달려 있다고 말했다.[1] 나는 이 말이 매우 옳다고 생각한다. 또한 이는 철학적 현상학과 응용현상학 두 경우 모두에서 참이다. 그런데 나는 또한 현상학의 미래가, 유감스럽게도 여러 시점마다 현상학의 역사를 괴롭혀 온 일종의 종파주의적 진지전에 휘말리는 대신, 현상학적 과제에 공통적인 것을 분명히 나타내고 강화하는 능력에 달려 있다고 생각한다. 그동안 공통의 강점보다는 내적 차이를 부각하는 데 너무 많은 에너지를 쏟았다.

한동안 현상학은 유행의 흐름에서 벗어나 비판이론, 구조주의, 해체구성과 같은 다른 이론의 형성으로 대체되었다. 하지만 현상학이 지난 10~20년 사이에 부흥과 같은 어떤 흐름을 타고 있다는 데에는 의심의 여지가 없다. 여기에는 여러 가지 이유가 있지만, 한 가지 확실한 이유는 기호 체계와 언어 게임, 담론 등에 초점을 맞추기를 선호하면서 경험의

---

1 Crowell 2002, p. 442.

주체를 너무 손쉽게 소거한 데서 비롯한다. 광범위하게 퍼진 오해와는 달리, 현상학의 핵심 주장은 우리가 자연, 역사, 사회, 문화 영역을 이해하려면 주체성을 탐구하는 것만으로 충분하다는 것이 결코 아니었다. 현상학의 주장은 오히려 그러한 탐구가 필요하고 필수 불가결하다는 것이었다. 우리가 살고 있는 세계를 이해하려면 우리는 체화하고, 지각하고, 사고하고, 느끼는 행위자들이 하는 역할을 고려해야 하는데, 여기서 현상학이 중요한 어떤 것을 제공한다.

단순히 과거의 전통이 아닌 현상학은 당당히 살아 숨 쉬고 있고 우리 시대의 사상에 크게 이바지할 수 있는 위치에 있다. 『옥스퍼드 현대 현상학 안내서』(The Oxford Handbook of Contemporary Phenomenology)에 수록된 논고들에서 알 수 있듯이,[2] 현재 많은 작업은 두 가지 방향으로 진행되고 있다. 이는 내부(이자 뒤를 향함) 및 외부(이자 앞을 향함)로 표현된다. 한편으로 우리는 고전적인 현상학의 저자들과 계속해서 대화하고 씨름한다. 후설과 하이데거, 메를로-퐁티의 저작에서 발견되는 철학적 원천과 통찰은 분명 아직 고갈되지 않았다. 다른 한편으로 현상학과 다른 철학적 전통 및 경험적 학문 사이에 더 많은 대화가 이루어지고 있다.

내가 보기에 현상학은 이 두 가지 전략을 계속 추구해야 한다. 지금부터 100년 후에 얼마나 많은 자칭 현상학자가 있을지 예측하기는 어렵다. 하지만 나는 현상학에서 발견되는 기본적인 통찰이 계속해서 재능 있는 사상가들을 끌어들이고 고무할 것이라고 확신한다.

---

2 Zahavi 2012.

더 읽을 거리

- Dan Zahavi (ed.), *The Oxford Handbook of Contemporary Phenomenology*, Oxford: Oxford University Press, 2012.

용어 목록

개별기술적 접근(Idiographic approach): (본질적 특색이나 보편적 법칙보다) 개별 사례와 특수한 개별 사건에 초점을 맞추는 것을 말한다.

객관주의(Objectivism): 실재는 모든 경험자와는 완전히 독립적으로 존재하며, 실재에 대한 우리의 인지적 불안은 기껏해야 마음-독립적 세계를 충실히 반영하는 것에 불과하다는 견해.

계산주의(Computationalism): 정신의 상태가 계산적 상태이고, 마음의 작동방식이 정보 처리 기계와 같다는 견해.

공감(Empathy): 나 아닌 다른 주체의 체화된 경험 및 그 주체에 내재된 경험을 경험적으로 마주하는 것.

공동세계(*Mitwelt*): 슈츠가 사용한 개념. 우리와 동시적으로 존재하지만, 우리에게 매우 근접하게 신체적으로 현전하지는 않는 동시대인들의 세계를 가리키기 위해 사용된다.

과학주의(Scientism): 자연과학의 방법이 세계에 대한 인식론적 접근의 유일한 수단을 제공하며, 자연과학에서 수용한 항목으로 포착될 수 없는 존재자들은 존재하지 않는다고 보는 견해.

관념론(Idealism): 이 말은 다음 두 가지 의미를 포함한 다양한 의미와 정의를 가진다. (1)존재하는 유일한 것은 의식이다. 또는 (2)실재는 어떤 의미에 있어 마음-의존적이다.

구성(Constitution): 어떤 것(전형적으로 대상)이 드러나고, 열어 밝혀지고 또는 현시되는 주관적 과정.

눈-앞에-있음(Present-at-hand): 우리가 이론적이거나 관찰적인 태도를 채택할 때 우리가 마주하는 것.

더불어-있음(Being-with, *Mitsein*): 타자들과 우리의 관계가 지향적 존재의 근본적이고 결정적인 특징이라는 생각을 포착하기 위해 하이데거가 사용한 개념어.

마음 이론(Theory of mind): 타자의 심리학적 삶에 관한 우리의 이해는 본성상 추론적이고 일종의 (심리학적) 이론에 의해 가능해진다는 생각.

민속방법론(Ethnomethodology): 사람들이 자신이 살고 있는 사회적 질서를 이해하는 방식과 이 질서를 생산하는 방식에 관한 연구.

발생적 현상학(Genetic phenomenology): 지향성의 다양한 형태들의 시간적 생성을 검토하는, 작용과 대상의 상관관계를 연구하는 현상학.

본질주의(Essentialism): 모든 존재자는 그 존재자의 동일성에 본질적으로 불변하는 일련의 어떤 특징을 가지고 있다는 생각. 그 특징은 존재자가 되기를 멈추지 않는 이상 없을 수 없고 그것이 무엇인지를 제시하는 데 필수적이다.

살(*Leib*): 생생하게 체험되는 신체, 주체적으로 체험되는 신체.

상관관계(Correlation): 작용과 대상, 마음과 세계의 의존성.

상적 지향성(Pictorial intentionality): 그림과 그림들이 묘사하는 것에 관한 우리의 자각.

상호주관성(Intersubjectivity): 주체들 간의 관계.

생활세계(Lifeworld): 우리가 일상적 삶을 사는 세계이자 일상에서 당연하게 여기는 전이론적 경험 세계.

세계-내-존재(Being-in-the-World; In-der-Welt-sein): 하이데거가 세계에 뿌리를 내린 마음의 성격과, 마음과 세계가 서로 얽혀 있고 서로 의존적이라는 것을 나타내기 위해 도입한 합성어.

세대간 현상학(Generative phenomenology): 초세대적·역사적·사회문화적 요소의 구성적 역할에 관한 연구. 이를테면 이전 세대의 구성적 성취가 우리의 개별 경험들에 영향을 끼치는 방식을 연구하는 것.

손-가까이-있음(Ready-to-hand): 이론화하기나 무심한 관찰에 앞서 우리의 실천적 관심과 참여 가운데 우리가 활용할 수 있는 것.

신경현상학(Neurophenomenology): 현상학적 탐구 형태를 의식에 관한 신경과학적 연구의 실험 프로토콜에 통합해야 한다는 제안.

신체(*Körper*): 물리적이고 생물학적인 신체. 자연에 속한 물리적 대상으로 간주되는 신체.

에포케(Epoché): 세계에 대한 어떤 교조적인 (자연적) 태도, 이를테면 마음-독립적인 세계의 현존을 믿는 우리의 믿음을 유보하거나 이 믿음을 괄호 속에 넣는 것.

역사성(Historicity): 인간 실존이 지닌 근본적인 역사적 성격. 인간 이해는 단순히 시간적인 것이 아니며, 역사적 맥락과 전통 속에 놓여 있다는 사실을 의미한다.

유형화(Typification): 구체적 개별자들을 이해하기 위해 일반적 유형을 활용하는 것.

자기수용 감각(Proprioception): 나의 팔다리와 전반적인 자세와 관련해 내가 가지는 위치적 감각. 이는 내 다리가 꼬고 있는지 아닌지를, 그 다리를 보지 않고도 내가 알 수 있게 해주는 감각이다.

자연적 태도(Natural attitude): 세계는 당연한 것으로 여겨질 수 있고 우리에 대해 독립적으로 존재할 수 있다고 만연된 선(先)철학적 가정.

자연주의(Naturalism): 존재하는 모든 것은 자연과학의 방법을 따라 탐구될 수 있고 자연과학적 사실로 환원될 수 있다는 생각.

정적 현상학(Static phenomenology): 기원과 발전은 무시한 채로 작용과 대상의 상관관계를 연구하는 현상학.

존재론(Ontology): 실재의 근본 특색에 관한 연구.

주위세계(*Umwelt*): 우리를 둘러싼 직접적인 환경의 세계.

지식사회학(Sociology of knowledge): 다양한 형태의 지식 형성, 유지, 분배 또는 계층화를 위한 사회적 조건에 관한 연구.

지평(Horizon): 경험의 관점적이고 맥락적인 성격.

지향성(Intentionality): 의식이 어떤 것 가운데, 어떤 것에 관해 또는 어떤 것을 향해 있음이라는 사실로 특징지어진다는 생각을 의미한다.

초월적 환원(Transcendental reduction): 의식의 구성적 기능에 관한, 마음과 세계가 구성적으로 서로 연결되는 방식에 관한 체계적 분석.

초월철학(Transcendental philosophy): 객관성을 위한 가능성의 (주관적) 조건에 대한 체계적 관심.

침전(Sedimantation): 경험으로 습득된 어떤 것이 정착되고 습관화되는 방식 및 그렇게 습득된 것이 미래 경험을 고지하고, 가능하게 하고, 제약하는 방식.

코기타툼(Cogitatum): 사유대상, 조금 더 일반적으로는 지향적 대상.

코기토(Cogito): 사유작용, 조금 더 일반적으로는 지향적 작용.

타자성(Alterity): 다른 존재 또는 상이한 존재. 이 용어는 이질적 주체의 타자성을 가리키는 말로 사용된다.

표상주의(Representationalism): 실재에 대한 우리의 인지적 접근이 어떤 식으로건 간에 표상들을 통해 매개된다는 견해.

현사실성(Facticity): 순수한 추론으로 연역되거나 정당화될 수 없는 인간 실존, 인간 본성, 인간 역사의 우연성을 말한다.

현존재(Dasein): 지향적 주체를 나타내는 하이데거의 용어. 이 말은 '거기'(Da)와 '존재'(sein)의 합성어로 이를테면 거기-존재(there-being) 또는 존재-거기(being-there)를 의미한다. 우리의 존재 자체가 세계 내에 위치하게 되고 세계와 연관되는 차원을 강조한다.

형상적 변경(Eidetic variation): 탐구할 주제의 본질적 특성을 열어 밝히기를 모색하는 상상적으로 유도된 분석을 말한다.

형이상학(Metaphysics): 많은 의미를 가진 용어. 여기서는 주로 실재가 마음-독립적인지 아닌지에 관한 우려를 가리키는 데 사용된다.

환원주의(Reductionism): 더 단순하고 더 기초적인 속성을 통해 특정 현상을 설명할 수 있고 그렇게 설명해야 한다는 생각.

참고문헌

Beck, T. J. (2013). A phenomenological analysis of anxiety as experienced in social situations. *Journal of Phenomenological Psychology* 44 (2): 179-219.

Berger, P. L., and Luckmann, T. (1991) [1966]. *The Social Construction of Reality: A Treatise in the Sociology of Knowledge.* Harmondsworth: Penguin Books(국역본: 피터 버거·토마스 루크만, 하홍규 옮김, 『실재의 사회적 구성』, 문학과지성사, 2014).

Blankenburg, W. (1971). *Der Verlust der natürlichen Selbstverständlichkeit. Ein Beitrag zur Psychopathologie symptomarmer Schizophrenien.* Stuttgart: Enke.

Carman, T. (2003). *Heidegger's Analytic: Interpretation, Discourse and Authenticity in Being and Time.* Cambridge: Cambridge University Press.

Churchland, P. M. (1988). *Matter and Consciousness: A Contemporary Introduction to the Philosophy of Mind.* Revised edn. Cambridge, MA: MIT Press(국역본: 폴 처치랜드, 석봉래 옮김, 『물질과 의식: 현대 심리철학 입문』, 서광사, 1992).

Cole, J. D. (1995). *Pride and a Daily Marathon.* Cambridge, MA: MIT Press.

Crowell, S. (2002). Is there a phenomenological research program? *Synthese* 131 (3): 419-444.

de Beauvoir, S. (1965) [1960]. *The Prime of Life,* trans. P. Green. Harmondsworth: Penguin Books(국역본: 시몬 드 보부아르, 이혜윤 옮김, 『처녀시절/

여자 한창때』, 동서문화사, 2010).

Depraz, N., Varela, F., and Vermersch, P. (2003). *On Becoming Aware: A Pragmatics of Experiencing*. Amsterdam: John Benjamins.

Dillon, M. C. (1988). *Merleau-Ponty's Ontology*. 2nd edn. Evanston, IL: Northwestern University Press.

Finlay, L. (2009). Debating phenomenological research methods. *Phenomenology & Practice* 3 (1): 6-25.

Fodor, J. (1987). *Psychosemantics*. Cambridge, MA: MIT Press.

From, F. (1953). *Om oplevelsen af andres adfærd: Et bidrag til den menneskelige adfærds fænomenologi*. Copenhagen: Nyt Nordisk Forlag.

Galileo, G. (1957). *Discoveries and Opinions of Galileo*. New York: Anchor House.

Gallagher, S. (1997). Mutual enlightenment: recent phenomenology in cognitive science. *Journal of Consciousness Studies* 4 (3): 195-214.

Gallagher, S. (2003). Phenomenology and experimental design: toward a phenomenologically enlightened experimental science. *Journal of Consciousness Studies* 10 (9-10): 85-99.

Gallagher, S. (2007). Simulation trouble. *Social Neuroscience* 2 (3-4): 353-365.

Gallagher, S., and Cole, J. (1995). Body image and body schema in a deafferented subject. *Journal of Mind and Behavior* 16 (4): 369-390.

Gallagher, S., and Meltzoff, A. N. (1996). The earliest sense of self and others: Merleau-Ponty and recent developmental studies. *Philosophical Psychology* 9 (2): 211-233.

Gallagher, S., and Zahavi, D. (2012). *The Phenomenological Mind*. 2nd edn. London: Routledge(국역본: 숀 갤러거·단 자하비, 박인성 옮김, 『현상학적 마음』, 도서출판b, 2013).

Garfinkel, H. (1967). *Studies in Ethnomethodology*. Englewood Cliffs, NJ: Prentice Hall.

Giorgi, A. (1994). A phenomenological perspective on certain qualitative research methods. *Journal of Phenomenological Psychology* 25 (2): 190-220.

Giorgi, A. (2009). *The Descriptive Phenomenological Method in Psychology: A Modified Husserlian Approach*. Pittsburgh, PA: Duquesne University Press.

Giorgi, A. (2010). Phenomenology and the practice of science. *Existential An-*

alysis 21 (1): 3-22.

Giorgi, A. (2012). The descriptive phenomenological psychological method. *Journal of Phenomenological Psychology* 43 (1): 3-12.

Giorgi, A. (2017). Review essay: a response to the attempted critique of the scientific phenomenological method. *Journal of Phenomenological Psychology* 48 (1): 83-144.

Gurwitsch, A. (1979) [1932]. *Human Encounters in the Social World*. Pittsburgh, PA: Duquesne University Press.

Habermas, J. (1992) [1988]. *Postmetaphysical Thinking*, trans. W.M. Hohengarten. Cambridge, MA: MIT Press(국역본: 위르겐 하버마스, 이진우 옮김, 『탈형이상학적 사유』, 문예출판사, 2000).

Hansen, C. R., and Karpatschof, B. (ed.) (2001). *Københavnerfænomenologien, bisat eller genfødt?* Copenhagen: Danmarks Pædagogiske Universitet.

Heidegger, M. (1982) [1927]. *The Basic Problems of Phenomenology*, trans. A. Hofstadter. Bloomington, IN: Indiana University Press(국역본: 마르틴 하이데거, 이기상 옮김, 『현상학의 근본 문제들』, 문예출판사, 1994).

Heidegger, M. (1985) [1925]. *History of the Concept of Time: Prolegomena*, trans. T. Kisiel. Bloomington, IN: Indiana University Press.

Heidegger, M. (1993a). *Basic Writings*, ed. by D.F. Krell. San Francisco, CA: Harper.

Heidegger, M. (1993b). *Grundprobleme der Phänomenologie (1919/1920)*. Gesamtausgabe Band 58. Frankfurt am Main: Vittorio Klostermann (국역본: 마르틴 하이데거, 이기상 옮김, 『현상학의 근본문제들』, 문예출판사, 1994).

Heidegger, M. (1996) [1927]. *Being and Time*, trans. J. Stambaugh. Albany, NY: SUNY(국역본: 마르틴 하이데거, 이기상 옮김, 『존재와 시간』, 까치, 1998).

Heidegger, M. (1998) [1976]. *Pathmarks*, ed. by W. McNeill. Cambridge: Cambridge University Press(국역본: 마르틴 하이데거, 신상희·이선일 옮김, 『이정표 1·2』, 한길사, 2005).

Heidegger, M. (2001) [1928-1929]. *Einleitung in die Philosophie*. Gesamtausgabe Band 27. Frankfurt am Main: Vittorio Klostermann(국역본: 마르틴 하이데거, 이기상·김재철 옮김, 『철학 입문』, 까치, 2006).

Heidegger, M. (2003). *Four Seminars*, trans. A. Mitchell and F. Raffoul. Bloomington, IN: Indiana University Press.

Heidegger, M. (2009) [1934]. *Logic as the Question Concerning the Essence of Language*, trans. W.T. Gregory and Y. Unna. Albany, NY: SUNY(국역본: 마르틴 하이데거, 김재철·송현아 옮김, 『언어의 본질에 대한 물음으로서의 논리학』, 파라아카데미, 2021).

Heidegger, M. (2010) [1925-1926]. *Logic: The Question of Truth*, trans. T. Sheehan. Bloomington, IN: Indiana University Press(국역본: 마르틴 하이데거, 이기상 옮김, 『논리학: 진리란 무엇인가』, 까치, 2000).

Heinämaa, S. (2003). *Toward a Phenomenology of Sexual Difference: Husserl, Merleau-Ponty, Beauvoir*. Lanham: Rowman & Littlefield.

Henry, M. (1973) [1963]. *The Essence of Manifestation*, trans. G. Etzkorn. The Hague: Martinus Nijhoff.

Høffding, S., and Martiny, K. (2016). Framing a phenomenological interview: what, why and how. *Phenomenology and the Cognitive Sciences* 15 (4): 539-564.

Husserl, E. (1959). *Erste Philosophie (1923/24). Zweiter Teil. Theorie der phänomenologischen Reduktion*, ed. by R. Boehm. Husserliana 8. The Hague: Martinus Nijhoff(국역본: 에드문트 후설, 이종훈 옮김, 『제일철학 1·2』, 한길사, 2000).

Husserl, E. (1960) [1931]. *Cartesian Meditations: An Introduction to Phenomenology*, trans. D. Cairns. The Hague: Martinus Nijhoff(국역본: 에드문트 후설, 이종훈 옮김, 『데카르트적 성찰』, 한길사, 2016).

Husserl, E. (1962). *Phänomenologische Psychologie. Vorlesungen Sommersemester 1925*, ed. by W. Biemel. Husserliana 9. The Hague: Martinus Nijhoff (국역본: 에드문트 후설, 이종훈 옮김, 『현상학적 심리학: 1925년 여름 학기 강의』, 한길사, 2013).

Husserl, E. (1965) [1911]. Philosophy as rigorous science. In Q. Lauer (trans.), *Phenomenology and the Crisis of Philosophy* (pp. 71-147). New York: Harper & Row(국역본: 에드문트 후설, 이종훈 옮김, 『엄밀한 학문으로서의 철학』, 지만지, 2014).

Husserl, E. (1969) [1929]. *Formal and Transcendental Logic*, trans. D. Cairns. The Hague: Martinus Nijhoff(국역본: 에드문트 후설, 이종훈 옮김, 『형식논

리학과 선험논리학』, 한길사, 2019).

Husserl, E. (1970) [1936]. *The Crisis of European Sciences and Transcendental Phenomenology: An Introduction to Phenomenological Philosophy*, trans. D. Carr. Evanston, IL: Northwestern University Press(국역본: 에드문트 후설, 이종훈 옮김, 『유럽 학문의 위기와 선험적 현상학』, 한길사, 2016).

Husserl, E. (1973a). *Zur Phänomenologie der Intersubjektivität II. Texte aus dem Nachlass. Zweiter Teil. 1921-1928*, ed. by I. Kern. Husserliana 14. The Hague: Martinus Nijhoff.

Husserl, E. (1973b). *Zur Phänomenologie der Intersubjektivität III. Texte aus dem Nachlass. Dritter Teil. 1929-1935*, ed. by I. Kern. Husserliana 15. The Hague: Martinus Nijhoff.

Husserl, E. (1977). *Phenomenological Psychology: Lectures, Summer Semester, 1925*, trans. J. Scanlon. The Hague: Martinus Nijhoff(국역본: 에드문트 후설, 이종훈 옮김, 『현상학적 심리학: 1925년 여름 학기 강의』, 한길사, 2013).

Husserl, E. (1981). *Shorter Works*, ed. by P. McCormick and F.A. Elliston. Notre Dame, IN: University of Notre Dame Press.

Husserl, E. (1982) [1913]. *Ideas Pertaining to a Pure Phenomenology and to a Phenomenological Philosophy. First Book. General Introduction to a Pure Phenomenology*, trans. F. Kersten. The Hague: Martinus Nijhoff(국역본: 에드문트 후설, 이종훈 옮김, 『순수현상학과 현상학적 철학의 이념들 1』, 한길사, 2009).

Husserl, E. (1989) [c. 1912-1917]. *Ideas Pertaining to a Pure Phenomenology and to a Phenomenological Philosophy. Second Book. Studies in the Phenomenology of Constitution*, trans. R. Rojcewicz and A. Schuwer. Dordrecht: Kluwer Academic Publishers(국역본: 에드문트 후설, 이종훈 옮김, 『순수현상학과 현상학적 철학의 이념들 2』, 한길사, 2009).

Husserl, E. (1997). *Psychological and Transcendental Phenomenology and the Confrontation with Heidegger (1927-1931)*, ed. and trans. Th. Sheehan and R.E. Palmer. Dordrecht: Kluwer Academic Publishers.

Husserl, E. (2001a). *Die 'Bernauer Manuskripte' über das Zeitbewußtsein (1917/18)*, ed. by R. Bernet and D. Lohmar. Husserliana 33. Dordrecht: Kluwer Academic Publishers.

Husserl, E. (2001b) [1900-1901]. *Logical Investigations I-II*, trans. J.N. Findlay.

London: Routledge(국역본: 에드문트 후설, 이종훈 옮김, 『논리 연구 1, 2-1, 2-2』, 민음사, 2018).

Husserl, E. (2001c) [1918-1926]. *Analyses Concerning Passive and Active Synthesis: Lectures on Transcendental Logic*, trans. A. Steinbock. Dordrecht: Kluwer Academic Publishers.

Husserl, E. (2002). *Zur phänomenologischen Reduktion: Texte aus dem Nachlass (1926-1935)*, ed. by S. Luft. Husserliana 34. Dordrecht: Kluwer Academic Publishers.

Husserl, E. (2005). *Phantasy, Image Consciousness, and Memory (1898-1925)*, trans. J.B. Brough. Dordrecht: Springer.

Jaspers, K. (1912). Die phänomenologische Forschungsrichtung in der Psychopathologie. *Zeitschrift für die gesamte Neurologie und Psychiatrie* 9: 391-408.

Jaspers, K. (1963) [1913]. *General Psychopathology*, trans. J. Hoenig and M.W. Hamilton. Manchester: Manchester University Press(국역본: 송지영·김린·송하석·홍성광·이재황·윤순식·양태규·홍성기 옮김 및 주해, 정신병리문헌연구회 감수, 『정신병리학 총론 1-4』, 아카넷, 2014).

Katz, D. (1989) [1925]. *The World of Touch*, trans. L.E. Krueger. Hillsdale, NJ: Lawrence Erlbaum Associates.

Katz, D. (1999) [1935]. *The World of Colour*, trans. R.B. MacLeod and C.W. Fox. Abingdon: Routledge.

Kockelmans, J. J. (ed.) (1987). *Phenomenological Psychology: The Dutch School*. Dordrecht: Springer.

Leder, D. (1990). *The Absent Body*. Chicago, IL: University of Chicago Press.

Levinas, E. (1969) [1961]. *Totality and Infinity: An Essay on Exteriority*, trans. A. Lingis. Pittsburgh, PA: Duquesne University Press(국역본: 에마뉘엘 레비나스, 김도형·문성원·손영창 옮김, 『전체성과 무한: 외재성에 대한 에세이』, 그린비, 2018).

Levinas, E. (1987) [1948]. *Time and the Other*, trans. R.A. Cohen. Pittsburgh, PA: Duquesne University Press(국역본: 엠마누엘 레비나스, 강영안 옮김, 『시간과 타자』, 문예출판사, 1996).

Levinas, E. (1998). *Discovering Existence with Husserl*, trans. R.A. Cohen and M.B. Smith. Evanston, IL: Northwestern University Press.

Lincoln, Y. S., and Guba, E. G. (2013). *The Constructivist Credo*. Walnut Creek, CA: Left Coast Press.

Linschoten, J. (1987). On falling asleep. In J.J. Kockelmans (ed.), *Phenomenological Psychology: The Dutch School* (pp. 79-117). Dordrecht: Springer.

Lutz, A., and Thompson, E. (2003). Neurophenomenology: integrating subjective experience and brain dynamics in the neuroscience of consciousness. *Journal of Consciousness Studies* 10 (9-10): 31-52.

Lutz, A., Lachaux, J.-P., Martinerie, J., and Varela, F.J. (2002). Guiding the study of brain dynamics by using first-person data: synchrony patterns correlate with ongoing conscious states during a simple visual task. *Proceedings of the National Academy of Sciences* 99 (3): 1586-1591.

MacLeod, R. B. (1954). David Katz 1884-1953. *Psychological Review* 61 (1): 1-4.

Madison, G. B. (1981). *The Phenomenology of Merleau-Ponty*. Athens, OH: Ohio University.

Merleau-Ponty, M. (1963) [1942]. *The Structure of Behavio*r, trans. A.L. Fisher. Boston, MA: Beacon Press(국역본: 모리스 메를로-퐁티, 김웅권 옮김, 『행동의 구조』, 동문선, 2008).

Merleau-Ponty, M. (1964a) [1960]. *Signs*, trans. R.C. McClearly. Evanston, IL: Northwestern University Press.

Merleau-Ponty, M. (1964b) [1948]. *Sense and Non-Sense*, trans. H. Dreyfus and P. Dreyfus. Evanston, IL: Northwestern University Press(국역본: 모리스 메를로-퐁티, 권혁면 옮김, 『의미와 무의미』, 서광사, 1990).

Merleau-Ponty, M. (1964c). *The Primacy of Perception*, ed. by J.M. Edie. Evanston, IL: Northwestern University Press.

Merleau-Ponty, M. (2012) [1945]. *Phenomenology of Perception*, trans. D.A. Landes. London: Routledge(국역본: 모리스 메를로-퐁티, 류의근 옮김, 『지각의 현상학』, 문학과지성사, 2002).

Møller, P., Haug, E., Raballo, A., Parnas, J., and Melle, I. (2011). Examination of anomalous self-experience in first-episode psychosis: interrater reliability. *Psychopathology* 44 (6): 386-390.

Nelson, B., Thompson, A., and Yung, A.R. (2013). Not all first-episode psychosis is the same: preliminary evidence of greater basic selfdisturbance in schizophrenia spectrum cases. *Early Intervention in Psychiatry* 7 (2): 200-204.

Paley, J. (1997). Husserl, phenomenology and nursing. *Journal of Advanced Nursing* 26 (1): 187-193.

Paley, J. (2017). *Phenomenology as Qualitative Research: A Critical Analysis of Meaning Attribution.* London: Routledge.

Parnas, J., Møller, P., Kircher, T., Thalbitzer, J., Jansson, L., Handest, P., and Zahavi, D. (2005). EASE: examination of anomalous self-experience. *Psychopathology* 38 (5): 236-258.

Petitmengin, C. (2006). Describing one's subjective experience in the second person: an interview method for the science of consciousness. *Phenomenology and the Cognitive Sciences* 5 (3-4): 229-269.

Petitmengin, C., and Bitbol M. (2009). The validity of first-person descriptions as authenticity and coherence. *Journal of Consciousness Studies* 16 (10-12): 363-404.

Petitot, J., Varela, F. J., Pachoud, B., and Roy, J.-M. (eds.) (1999). *Naturalizing Phenomenology.* Stanford, CA: Stanford University Press.

Rochat, P., and Striano, T. (1999). Social-cognitive development in the first year. In P. Rochat (ed.), *Early Social Cognition: Understanding Others in the First Months of Life* (pp. 3-34). Hillsdale, NJ: Lawrence Erlbaum Associates.

Roy, J.-M., Petitot, J., Pachoud, B., and Varela, F. J. (1999). Beyond the gap: an introduction to naturalizing phenomenology. In J. Petitot, F. J. Varela, B. Pachoud, and J.-M. Roy (eds), *Naturalizing Phenomenology* (pp. 1-83). Stanford, CA: Stanford University Press.

Sartre, J.-P. (1970) [1939]. Intentionality: a fundamental idea of Husserl's phenomenology. *Journal of the British Society for Phenomenology* 1 (2): 4-5.

Sartre, J.-P. (2003) [1943]. *Being and Nothingness*, trans. H.E. Barnes. London: Routledge(국역본: 장-폴 사르트르, 정소성 옮김, 『존재와 무』, 동서문화사, 2009).

Sass, L. A., and Parnas, J. (2003). Schizophrenia, consciousness, and the self. *Schizophrenia Bulletin* 29 (3): 427-444.

Scheler, M. (1973) [1913/1916]. *Formalism in Ethics and Non-Formal Ethics of Values: A New Attempt Toward a Foundation of an Ethical Personalism*, trans. M.S. Frings and R.L. Funk. Evanston, IL: Northwestern University Press(국역본: 막스 셸러, 이을상·금교영 옮김,『윤리학에 있어서 형식주의와 실질적 가치 윤리학』, 서광사, 1998).

Scheler, M. (2008) [1913/1923]. *The Nature of Sympathy*, trans. P. Heath. London: Transaction(국역본: 막스 셸러, 조정옥 옮김,『동감의 본질과 형태들』, 아카넷, 2006).

Schmid, H. B. (2009). *Plural Action. Essays in Philosophy and Social Science*. Dordrecht: Springer.

Schutz, A. (1962). *The Problem of Social Reality: Collected Papers I*. The Hague: Martinus Nijhoff.

Schutz, A. (1964). *Studies in Social Theory: Collected Papers II*. The Hague: Martinus Nijhoff.

Schutz, A. (1967) [1932]. *The Phenomenology of the Social World*, trans. G. Walsh & F. Lehnert. Evanston, IL: Northwestern University Press.

Smith, J. A., Flowers, P., and Larkin, M. (2009). *Interpretative Phenomenological Analysis: Theory, Method and Research*. London: SAGE Publications (『해석 현상학적 분석: 이론, 방법, 연구』, 김미영·이광석 옮김, 하누리, 2015).

Spiegelberg, H. (1965). *The Phenomenological Movement*. The Hague: Martinus Nijhoff(국역본: 허버트 스피겔버그, 최경호 옮김,『현상학적 운동』, 이론과 실천, 1991-92).

Steegmuller, F. (1949). *Maupassant: A Lion in the Path*. London: Macmillan.

Stein, E. (1989) [1917]. *On the Problem of Empathy*, trans. W. Stein. Washington, DC: ICS Publications.

Steinbock, A. J. (1995). *Home and Beyond: Generative Phenomenology after Husserl*. Evanston, IL: Northwestern University Press.

Strasser, S. (1963). *Phenomenology and the Human Sciences: A Contribution to a New Scientific Ideal*. Pittsburgh, PA: Duquesne University Press.

Straus, E. (1963) [1935]. *The Primary World of Senses: A Vindication of Sensory Experience*, trans. by J. Needleman. New York: The Free Press of Glencoe.

Thompson, E. (2007). *Mind in Life: Biology, Phenomenology, and the Sciences of Mind*. Cambridge, MA: Harvard University Press(국역본: 에반 톰슨,

박인성 옮김,『생명 속의 마음: 현상학, 생물학, 심리과학』, 도서출판b, 2016).

Trevarthen, C. (1979). Communication and cooperation in early infancy: a description of primary intersubjectivity. In M.M. Bullowa (ed.), *Before Speech: The Beginning of Interpersonal Communication* (pp. 321-347). New York: Cambridge University Press.

van Manen, M. (1990). *Researching Lived Experience: Human Science for an Action Sensitive Pedagogy*. London and Ontario: Althouse Press (『체험연구: 해석학적 현상학의 인간과학 연구방법론』, 신경림·안규남 옮김, 동녘, 1994).

van Manen, M. (2017). Phenomenology and meaning attribution. *Indo-Pacific Journal of Phenomenology* 17 (1): 1-12.

Varela, F. J. (1996). Neurophenomenology: a methodological remedy for the hard problem. *Journal of Consciousness Studies* 3 (4): 330-349.

Varela, F. J. (1997). The naturalization of phenomenology as the transcendence of nature: searching for generative mutual constraints. *Alter: Revue de Phénoménologie* 5: 355-381.

Varela, F. J., Thompson, E., and Rosch, E. (1991). *The Embodied Mind: Cognitive Science and Human Experience*. Cambridge, MA: MIT Press(국역본: 프란시스코 바렐라·에반 톰슨·엘리노어 로쉬, 석봉래 옮김,『몸의 인지과학』, 김영사, 2013).

Velmans, M. (2000). *Understanding Consciousness*. London: Routledge.

Vermersch, P. (2009). Describing the practice of introspection. *Journal of Consciousness Studies* 16 (10-12): 20-57.

Walther, G. (1923). Zur Ontologie der sozialen Gemeinschaften. In E. Husserl (ed.), *Jahrbuch für Philosophie und phänomenologische Forschung*. Vol. VI (pp. 1-158). Halle: Max Niemeyer.

Zahavi, D. (2003). *Husserl's Phenomenology*. Stanford, CA: Stanford University Press(국역본: 단 자하비, 박지영 옮김,『후설의 현상학』, 한길사, 2017).

Zahavi, D. (2004). Phenomenology and the project of naturalization. *Phenomenology and the Cognitive Sciences* 3 (4): 331-347.

Zahavi, D. (2005). *Subjectivity and Selfhood: Investigating the First-Person Perspective*. Cambridge, MA: MIT Press.

Zahavi, D. (2011). Empathy and direct social perception: a phenomenological proposal. *Review of Philosophy and Psychology* 2 (3): 541-558.

Zahavi, D. (2013). Naturalized phenomenology: a desideratum or a category mistake? *Royal Institute of Philosophy Supplements* 72: 23 – 42.

Zahavi, D. (2014). *Self and Other: Exploring Subjectivity, Empathy, and Shame.* Oxford: Oxford University Press(국역본: 단 자하비, 강병화 옮김, 『자기와 타자: 주관성·공감·수치심 연구』, 글항아리, 2019).

Zahavi, D. (2016). Second-person engagement, self-alienation, and group-identification. *Topoi.* DOI: 10.1007/s11245-016-9444-6.

Zahavi, D. (2017). *Husserl's Legacy: Phenomenology, Metaphysics, and Transcendental Philosophy.* Oxford: Oxford University Press.

이 책은 2018년 루틀리지 출판사에서 출간한 *Phenomenology: The Basics*를 번역한 것이다. 저자 단 자하비(Dan Zahavi)는 덴마크 출신의 철학자로 현재 코펜하겐 대학교 철학과와 영국 옥스퍼드 대학교 철학과 교수로 재직하고 있다. 그는 우리 시대 현상학 연구의 최전선에 있는 철학자 중 한 사람으로, 후설 연구자로서만이 아니라 자기의식, 주체성과 타자성 연구, 응용현상학과 현상학적 인지과학 분야에서도 오래전부터 두각을 나타낸 탁월한 학자다. 내가 루븐[루뱅] 대학교(KU Leuven) 신학&종교학과에서 공부하던 시절, 자하비는 자신의 모교이기도 한 루븐 대학교 철학과에서 칸트와 후설의 초월철학의 특징을 설명하고 양자의 차이를 논하는 특강을 했는데, 나도 마침 여유가 있어 그 강의를 들을 수 있었다. 이미 자하비의 여러 저서를 읽은 바 있어 그가 어려운 후설 철학을 매우 명료하면서도 최대한 정확하게 풀어내는 솜씨를 가진 철학자라는 것은 알고 있었지만, 후설만이 아니라 칸트나 다른 철학에 대해서도 절대 얕지 않은 이해와 통찰을 가졌다는 사실을 당시 특강을 들으며 확인할 수 있었다. 기회가 되면 그의 책을 한 권 정도는 우리말로 번역해 펴

내면 좋겠다 싶었는데, 마침 현상학 전반의 주요 주제를 명료하게 해명한 이 책의 출간 소식을 접했고, 도서출판 길의 이승우 편집장이 내 제안을 흔쾌히 받아주어 본서를 출간할 수 있게 되었다.

자하비의 책은 이미 세 권이 국내에 출간되었는데, 해당 저술 모두 그의 철학적 역량과 통찰을 잘 보여준다. 『현상학적 마음: 심리철학과 인지과학 입문』(도서출판b)은 숀 갤러거와의 공동작업을 통해 현상학과 인지과학의 연관성을 잘 해명한 저작이고, 『후설의 현상학』(한길사)은 영어권 후설 입문서 가운데 가장 훌륭한 길잡이 중 하나로 꼽히는 책이다. 또한 『자기와 타자: 주관성·공감·수치심 연구』(글항아리)는 자하비의 관심 주제 중 하나인 주체성과 타자성 연구를 다룬 그의 대표작 가운데 하나다. 이 저작들 모두 현상학과 주체성, 인지과학의 문제 등에 관심을 둔 모든 독자에게 권하고 싶은 좋은 책들이다.

위 책들은 정도의 차이는 있지만 대체로 현상학의 전문적 주제를 다루고 있다. 하지만 이 책은 현상학의 기초 개념들을 해명하는 데 초점을 맞추고 있다는 점에서 현상학에 막 진입하려고 하는 모든 입문자에게 안성맞춤이다. 나는 오랫동안 여러 기관에서 현상학 강의를 하면서, 현상학에 관심은 있지만 그 특유의 높은 진입 장벽 때문에 어려움을 겪는 분들을 여러 차례 만날 수 있었다. 지금도 좋은 입문서들이 있지만, 대체로 인물 중심의 역사적 서술을 시도한 책들이 다수여서 현상학의 핵심 주제나 개념에 접근하기에는 부족한 면이 더러 있다. 이에 언젠가는 입문자들을 위한 책을 내놓고 싶었는데, 비교적 최근에 출간되어 현상학의 최신 연구 동향을 반영한 본서를 발견하고 곧장 번역을 추진하게 되었다. 이 책은 현상학의 기초 개념들에 대한 해명은 물론이고 아직 국내에서도 많이 다루어지지 않은 현상학의 여러 주제, 즉 현상학적 공간성이나 사회성, 심충현상학 같은 쟁점들을 다룬다는 점에서 매우 유익하다. 무엇보다 현상학적 사회학과 현상학적 심리학, 그리고 질적 연구 방법론으로서의 현상학의 유용성 등에 대해서도 지금까지의 연구 결과를 두루 소개하는 가운데 해당 주제를 쉽게 풀어내고 있다는 점에서 현상학 '하기'에 관심을 둔 이들은 이 책을 통해 각자의 삶과 연구 분야에서 현상학을 한다는 것이 구체적으로 무엇인지 감을 잡을 수 있을 것이다.

만일 현상학에 처음으로 진입하려고 하는 이들이 있다면, 나는 역사적 접근을 위해 피에르 테브나즈(Pierre Thevenaz)의 『현상학이란 무엇인가: 후설에서 메를로퐁티까지』를, 현상학의 창시자인 후설 자체에 대한 이해를 위해 자하비의 『후설의 현상학』을, 그리고 현상학의 개념과 핵심 주제를 이해하고 응용현상학 등 현상학적 실천에 대한 기초적 통찰을 얻으려는 이들을 위해 이 책을 추천하고 싶다.

현상학은 다른 어떤 철학 못지않게 우리가 살고 거주하는 이 세계 안에서 일어나는 생생한 삶의 의미에 초점을 맞추는 철학이다. 이런 점에서 삶의 의미를 탐색하는 이들에게 현상학은 어마어마한 사유의 통찰은 물론이고, 우리에게 주어지고 나타나는 현상 자체를 기술하고 해석할 방법을 제공한다. 현상의 주어짐 자체에 접근했을 때, 우리가 늘 마주하던 세계를 새롭고 다르게 이해하는 길이 열리고, 특별히 그 안에 거주하는 나와 이웃에 대한 이해도 더 풍요로워질 것이다. 이러한 현상학적 사유의 즐거움과 유익을 더 많은 사람들이 누릴 수 있으면 좋겠다.

이 책의 출간을 허락해주고 책임 편집까지 맡아주신 도서출판 길의 이승우 편집장과 편집부에 심심한 감사의 말씀을 드린다. 훌륭한 편집과 교정이 없다면 옮긴이의 수고는 수포가 되기 십상이다. 이런 점에서 편집자의 수고는 더 많이 존중받아 마땅하다. 아울러 '인문학&신학연구소 에라스무스'에서 함께 공부하는 설요한, 윤동민, 이민희 선생에게 감사드린다. 이분들은 최종 원고를 읽고서 교정을 위한 여러 중요한 제안을 해주었다. 그리고 당장 어떤 실용적 결과를 생산하기 어려운 철학 연구자로서의 내 삶과 공부의 의미, 가치를 언제나 제일 먼저 알아봐주고 인정해주며, 내 작업을 한결같이 격려해주는 사랑하는 아내 김행민 님에게 깊이 감사한다. 책을 펴낼 때마다 그녀의 이름을 언급하는데, 그때마다 그녀에 대한 감사와 존중은 더 배가된다. 끝으로, 어떤 경우에는 상호주관성 안에서, 또 어떤 경우에는 절대적 타자로 내게 다가오는 고양이 선생 폴리와 주디, 그리고 번역 원고를 교정하던 시기에 한 식구가 된 한나에게 고맙다는 말을 하고 싶다. 그들은 한낱 대상이 아니라 나를 촉발하고 움직이게 만드는 타자로서 그들 자신을 보여주고 나타내고 있으며, 나는 이들이 빚어내는 풍성한 삶의 의미를 매일 더 깊이 체험하고 있다.

2022년 2월 10일
화곡동 연구실에서
김동규

찾아보기

지은이 소개

지은이 단 자하비(Dan Zahavi)는 1967년 덴마크 코펜하겐에서 태어났고, 현재 덴마크 코펜하겐 대학교와 영국 옥스퍼드 대학교의 철학과 교수로 재직하고 있다. 1994년 벨기에 루븐[루뱅] 가톨릭 대학교에서 박사학위를 받았고, 1999년 코펜하겐 대학교에서 교수자격을 취득했다. 2007년 덴마크 왕립학술원 회원으로 선출되었고, 2014년 북유럽 현상학회 명예회장으로 임명되었다. 2002년 설립된 주체성연구센터 소장으로 활동하고 있으며, 현재 『현상학과 인지과학』 학회지의 공동편집장으로도 활동 중이다. 후설 현상학에 대한 탁월한 해설자로도 유명하지만, 주체성과 타자성, 자기의식, 상호주관성 등에 대한 현상학적 작업을 통해 현상학 '하기'가 무엇인지를 몸소 보여준다는 점에서 더 주목해야 하는 학자다. 여러 학술적 공로를 인정받아 2014년에는 노르딕 현상학회의 명예 학회장으로 임명되었으며, 다수의 연구기관과 정부기관으로부터 여러 학술상을 받았다. 대표 저서로는 『후설과 초월적 상호주관성』(*Husserl und die transzendentale Intersubjektivität*, 1996), 『자기-자각하기와 타자성』(*Self-awareness and Alterity*, 1999), 『후설의 현상학』(*Husserl's Phenomenology*, 2003/한길사 2017), 『주체성과 자기성』(*Subjectivity and Selfhood*, 2005), 『자기와 타자: 주관성·공감·수치심 연구』(*Self and Other: Exploring Subjectivity, Empathy, and Shame*, 2014/글항아리 2019), 숀 갤러거와 함께 쓴 『현상학적 마음』(*The Phenomenological Mind*, 2008/도서출판b 2013), 『후설의 유산: 현상학, 형이상학, 그리고 초월철학』(*Husserl's Legacy: Phenomenology, Metaphysics, and Transcendental Philosophy*, 2017) 등이 있다.

옮긴이 소개

옮긴이 김동규는 총신대에서 신학을 공부하고, 서강대 대학원 철학과에서 폴 리쾨르 연구로 석사학위를, 마리옹과 리쾨르의 주체 물음에 관한 연구로 철학박사학위를 받았다. 또한 벨기에 루븐[루뱅] 대학교(KU Leuven) 신학&종교학과에서 마리옹의 계시 현상에 관한 연구로 석사학위를 받았다. 저서로『미술은 철학의 눈이다』(공저, 문학과지성사, 2014),『선물과 신비: 장-뤽 마리옹의 신-담론』(서강대학교출판부, 2015),『우리 시대의 그리스도교 사상가들』(공저, 도서출판100, 2020) 등이 있고, 역서로는『탈출에 관해서』(에마뉘엘 레비나스, 지만지, 2008),『현상학이란 무엇인가: 후설에서 메를로퐁티까지』(피에르 테브나즈, 그린비, 2011),『해석에 대하여: 프로이트에 관한 시론』(폴 리쾨르, 공역, 인간사랑, 2020),『후설 현상학에서의 직관 이론』(에마뉘엘 레비나스, 그린비, 2014),『예술로서의 삶』(재커리 심슨, 공역, 갈무리, 2016),『교회를 위한 철학적 해석학: 누구의 공동체? 어떤 해석?』(메롤드 웨스트팔, 도서출판100, 2019),『윤리와 무한: 필립 네모와의 대화』(에마뉘엘 레비나스, 도서출판100, 2020),『과잉에 관하여: 포화된 현상에 관한 연구』(장-뤽 마리옹, 그린비, 2020),『재신론』(리처드 카니, 갈무리, 2021) 등이 있다. 현재 서강대 생명문화연구소 연구교수, 인문학&신학연구소 에라스무스의 운영위원, 한국현상학회 연구이사로 일하고 있으며, 네덜란드 암스테르담 자유대학교(VU Amsterdam) 종교&신학과 박사과정에서 현대 유럽 대륙철학과 종교철학, 종교 간 대화 문제 등을 연구하고 있다.